V&R

Thomas Giernalczyk (Hg.)

Supervision und Organisationsberatung

Institutionen bewahren durch Veränderung

Mit 13 Abbildungen
und 2 Tabellen

Vandenhoeck & Ruprecht
in Göttingen

Die Deutsche Bibliothek – CIP-Einheitsaufnahme

Supervision und Organisationsberatung : Institutionen bewahren durch
Veränderung ; mit 2 Tabellen / Thomas Giernalczyk (Hg.) –
Göttingen : Vandenhoeck & Ruprecht, 2002
ISBN 3-525-45897-5

Satz: Text & Form, Pohle.
Druck und Bindearbeiten: Hubert & Co., Göttingen.

Inhalt

Schwerpunkt Personalentwicklung

■ Thomas Giernalczyk

Supervision und Organisationsberatung

Annäherung zweier Beratungsformen

Als Supervisor für Kliniken und Beratungsstellen und als Berater für Firmen bewege ich mich in unterschiedlichen Institutionen und erledige verschiedene Aufgaben. Dennoch habe ich den
Eindruck, daß sich beide Arbeitsgebiete zunehmend überschneiden und ich in beiden Zusammenhängen ähnlicher han-
dele. Zum einen hängt das damit zusammen, daß verwandte
Methoden eingesetzt werden und zum anderen liegt es auch
daran, daß sich Profit- und Non-Profit Organisationen ähnlicher geworden sind. Diese Beobachtungen sind für mich der
Ausgangspunkt, von dem aus ich Supervision und Organisationsberatung hinsichtlich ihrer Unterschiede und Übereinstimmungen untersuchen möchte.

Traditionell besteht eine essentielle Verknüpfung von Supervision und Einzelfallhilfe in der Sozialarbeit. 1939 wurde das erste systematische Werk zu diesem Thema von Virginia P. Robin-
son »Supervision in social casework« (Hupperts 1975, S. 11) veröffentlicht. Gemeint ist eine Tätigkeit, in der ein erfahrener
Supervisor einem weniger erfahrenen Sozialarbeiter anhand
konkreter Umstände vermittelt, wie er effizient mit bestimmten
Aufgaben umgehen kann. Es handelt sich damit um ein spezielles pädagogisches Verfahren in dem durch regelmäßige Kommunikation, Verhalten, Einstellung und Haltung im Sinne einer
bestimmten Auffassung von Sozialarbeit vermittelt wird. In
Deutschland wurde Supervision nach 1945 durch die Übernahme amerikanischer und niederländischer Modelle eingeführt.
Seit etwa 15 Jahren wird Supervision zunehmend mehr als

Teamsupervision vermittelt. In diesem Rahmen verlagert sich der Fokus von der Sozialarbeiter-Klient-Beziehung auf die Zusammenarbeit innerhalb multiprofessioneller Teams. Aufgaben, Rollen und Normen werden reflektiert. Außerdem kommt in den letzten Jahren noch die Perspektive hinzu, wie Teams mit anderen Teams in der Institution zusammenarbeiten und in welchem Verhältnis die Institutionen zu ihrer Umwelt stehen.

Organisationsentwicklung geht letztlich auf die Arbeiten Kurt Lewins zurück. Zum einen handelt es sich um die Übertragung der Laboratoriumsmethode auf Industriebetriebe und zum anderen ist es der Ansatz der Aktionsforschung, die den Kern von Organisationsentwicklungsmethoden ausmachen. Die von der Aktionsforschung erhobenen Daten werden im Rahmen von Feedback an die Beforschten zurückgemeldet, damit diese mit den Forschern gemeinsam die Ergebnissen auswerten und umsetzen. Bei der Laboratoriumsmethode, auch unter dem Begriff der Trainingsgruppen bekannt, arbeiten die Teilnehmer in kleinen Gruppen ohne Strukturvorgaben und erhalten und geben sich Rückmeldungen über ihre Verhaltensweisen. Da die Effekte dieser sogenannten stranger groups nur bedingt auf den Betriebsalltag übertragbar waren, wurden sie immer mehr durch Teamentwicklungsmaßnahmen ersetzt.

Als dritte Quelle der Organisationsentwicklung lassen sich die Arbeiten des Londoner Tavistock Institute ansehen, die in einer psychoanalytischen und systemischen Tradition stehen. Psychodynamische Organisationsberatung orientiert sich stark an unbewußten Konflikten, deren Auswirkungen sich als Symptome und Störungen in den Institutionen zeigen (vgl. Deuerlein in diesem Band und Lohmer 2000). Besonders bekannt ist die Studie, in der in den fünfziger Jahren Auswirkungen des technologischen Wandels im britischen Kohlebergbau untersucht wurden (Trist u. Bamforth 1951). Dabei konnten die Autoren nachweisen, daß technische Neuerungen sich ungünstig auf die Zusammenarbeit auswirkten: Kohäsive Arbeitsgruppen wurden zerschlagen, dadurch verloren die Arbeiter an Sicherheit, es ereigneten sich mehr Unfälle, und die Beschäftigten litten verstärkt unter psychosomatischen Störungen.

Es ist noch nicht so lange üblich, Supervision und Organisationsberatung in einem Atemzug zu nennen, beide Begriffe gegenüber zu stellen und Unterschiede sowie Gemeinsamkeiten herauszuarbeiten. Beides sind Formen spezieller Beratung, die an bestimmte Konzepte und Einsatzgebiete gebunden sind, welche sich in den letzten Jahren mehr und mehr überschneiden, eingebettet in eine gesellschaftliche Entwicklung, in der Begriffe aus der Wirtschaftswelt nachhaltig in das Denken der sozialen Institutionen Einzug gehalten haben und soziale Schlüsselbegriffe, wie Orientierung am Gemeinwohl, eher ökonomischen, wie etwa Effektivität, gewichen sind. Wiederum spielen Team-Arbeitsformen in Unternehmen mit flachen Hierarchien oder im Rahmen vorübergehender Projektteams eine immer größere Rolle. Beide Entwicklungen tragen zur Annäherung der Modelle von Supervision und Organisationsberatung bei.

Definitionen

Die Deutsche Gesellschaft für Supervision (DGSv 1996, S. 11, zit. nach Pühl 1999, S. 15) definiert Supervision wie folgt: »Supervision ist eine Beratungsmethode, die zur Sicherung und Verbesserung der Qualität beruflicher Arbeit eingesetzt wird. Supervision bezieht sich dabei auf psychische, soziale und institutionelle Faktoren. (...) Supervision unterstützt
– die Entwicklung von Konzepten,
– bei der Begleitung von Strukturveränderungen,
– die Entwicklung der Berufsrolle.«

Aus der Vielzahl der Definitionsversuche von Organisationsentwicklung greife ich auf die von French und Bell (1995, S. 31) zurück: »Organisationsentwicklung ist eine langfristige Bemühung, die Problemlösungs- und Erneuerungsprozesse in der Organisation zu verbessern, vor allem durch eine wirksamere und auf Zusammenarbeit gegründete Steuerung der Organisationskultur – unter besonderer Berücksichtigung der Kultur formaler Arbeitsteams – durch die Hilfe eines Organisationsentwicklungsberaters oder Katalysators und durch die Anwendung der Theorie und Technologie der angewandten Sozialwissenschaften unter Einbeziehung der Aktionsforschung.«

Die Definition der Supervision hat die Strukturveränderung, ursprünglich eine Domäne der Organisationsentwicklung, explizit mit aufgenommen, und die Definition der Organisationsentwicklung betont die Rolle von Teams, die für Supervision eine wichtige Bezugsgröße sind.

Das klassische Anwendungsfeld der Supervision sind Non-Profiteinrichtungen. Zu ihnen zählen insbesondere psychosoziale Beratungsstellen, Initiativen und Kliniken. Üblicherweise sind die Vertragspartner des Supervisors die Leitung der Institution und die Teams. Die Beratung wird von Einzelpersonen durchgeführt und der Fokus der Supervision liegt in der Reflexion der Struktur, der Teamdynamik, spezieller Problemfelder und in der Bearbeitung von Fallbeispielen.

Supervision läßt sich idealtypisch in vier Phasen einteilen: In der Sondierungsphase gibt es eine mehr oder minder klare Anfrage durch eine Person eines Teams oder durch die Leitung. In den Vorgesprächen wird geklärt, welche Erwartungen die Auftraggeber haben und ob der Supervisor bereit ist, einen gemeinsam ausgehandelten Auftrag anzunehmen. Man könnte diesen Vorgang auch so beschreiben, daß von beiden Seiten geprüft wird, ob Supervisor und Team zueinander passen. Kommt es zu einer Einigung, so wird ein Kontrakt geschlossen, der die Teilnehmer, die Bezahlung und den Rhythmus der Sitzungen festlegt. Gelegentlich sind auch Themenschwerpunkte Teil des Kontrakts, wenn etwa vereinbart wird, daß in erster Linie die Arbeit mit Klienten reflektiert werden soll und Konflikte innerhalb des Teams nicht vorrangiger Gegenstand der Supervision sein sollen.

Das ausgehandelte Supervisionssetting wird dauerhaft und fortlaufend durchgeführt. In der Regel kommt es erst nach Jahren zu einem Abschluß der Supervision, der oft nicht von dem Erreichen spezifischer Ziele, sondern eher von einer zu großen Gewöhnung und Übereinstimmung zwischen Supervisor und Team abhängig gemacht wird. Supervisionen wird oft dann beendet, wenn der Supervisor nicht auf der Grenze des Systems arbeitet, sondern selbst Teil des Systems geworden ist, womit ihm die Aufgabe der Eröffnung zusätzlicher Perspektiven nicht mehr möglich ist.

Der klassische Anwendungsbereich von *Organisationsberatung* sind Wirtschaftsunternehmen, Firmen und Verwaltungen. Da sich Organisationsberatungen regelhaft auf definierte Fragestellungen beziehen, die die Primäraufgabe (siehe Giernalczyk u. Lazar in diesem Band) der Gesamtorganisation tangieren, wird der Vertrag mit der Institutionsleitung oder mit autorisierten Einheiten, wie der Personalleitung geschlossen. Die Maßnahmen werden top down durchgeführt. Aufgrund der Untergliederung von Unternehmen arbeiten oft mehrere Berater zusammen. Der Fokus liegt viel stärker als bei der Supervision auf der Veränderung von Strukturen, der Lösung von konkreten Problemen und auf Fragen der strategischen Planung. Entsprechend der Komplexität der Organisation durchläuft eine Organisationsberatung mehr Phasen als eine Supervision, die – je nach Ergebnissen – auch mehrfach absolviert werden.

Erstkontakte kommen oft durch regelhafte Akquisitionen zustande. Da Organisationsberatung eine stärkere Kundenorientierung hat, werden auch potentielle Auftraggeber stärker als solche gesehen und betreut. Bei den Erstkontakten geht es um die Formulierung des Problems oder um eine erste Beschreibung des Ist-Zustands und der Ziele, den zu erreichenden Soll-Zustand. Was sich zunächst einfach anhört, erweist sich, ähnlich wie in der Supervisionspraxis, als eher kompliziert. Eine Variante ist, daß der Auftraggeber ein Problem hat und dafür eine spezielle Interventionsmethode möchte. Dies ist immer dann schwierig, wenn der Berater daran zweifelt, daß die vorgeschlagene Intervention zum angestrebten Ziel führt. Insofern ist es ein Erfolg, wenn als ein Ergebnis von Erstkontakten die Übereinkunft zustande kommt, vor der Maßnahme zunächst Daten zu erheben.

In Abhängigkeit von der Problemlage und den Zielen erfolgt die Konstruktion eines Settings für die Datenerhebung, die dann im nächsten Schritt durch einen Kontrakt abgesichert wird. Ist in der Supervision Datenerhebung, Datenanalyse und Intervention unmittelbar und situativ miteinander verbunden, erfolgt bei der Organisationsberatung zunächst eine separate Phase der Datenerhebung, die etwa mit Hilfe von Interviews, Fragebögen, durch Beobachtung, Auswertung von Geschäftspapieren oder Kundenbefragung durchgeführt wird. Die Auswertung wird in der Regel dem Auftraggeber mit einem Interventionsplan präsentiert. Im nächsten Schritt wird ein Kontrakt über einen Interventionsplan geschlossen. Die Intervention selbst erfolgt in unterschiedlichen Settings und mit verschieden zusammengesetzten Gruppen. Eine besonders prominente Interventionsform stellt die Workshopmethode dar, in der ausgewählte und für die Fragestellung wichtige Personen ein bis zwei Tage zusammen zu ihrer Sicht befragt und konkrete Strategien der Problembearbeitung entwickelt werden, welche anschließend hinsichtlich ihrer Wirkung evaluiert werden (vgl. Buschalla u. Giernalczyk in diesem Band).

Unabhängig von der speziellen Workshopform beinhaltet das Vorgehen immer eine Problemdefinition, die Maßnahmenplanung und -durchführung sowie die Evaluation der durchgeführten Maßnahmen.

Denkbar sind auch Trainings, wenn es um die Erweiterung bestimmter Kompetenzprofile geht (vgl. Schneider in diesem Band), sowie strukturelle Veränderung im Sinne der Neuorganisation von Unternehmenssegmenten und Coaching von Gruppen und Führungskräften (vgl. Kubowitsch in diesem Band).

Die Evaluationsphase ist problembehaftet, weil das System Unternehmen während der gesamten Beratungs- und Interventionsphase auch anderen Einflüssen unterliegt, die sich ebenfalls in den Ergebnissen widerspiegeln können. Denkbar ist nun, daß einzelne Maßnahmen erneut durchlaufen werden, um bestimmte Effekte zu sichern oder zu verstärken. Die Praxis zeigt jedoch, daß eher zufriedenstellende Ergebnisse die weitere Beratung sichern, während nicht hinreichende Auswirkungen einer Beratung zum Wechsel des Beraters oder der Beraterfirma führen.

Eine weitere Unterscheidung zwischen Supervision und Organisationsberatung liegt in der konzeptuellen Orientierung.

Idealtypisch sollen Begriffssysteme gegenübergestellt werden, auf die Supervision und Organisationsberatung rekurrieren.

Während sich Supervision am Begriff des Klienten orientiert, stellt Organisationsberatung den Kunden ins Zentrum der Argumentation. Supervsion wird eingesetzt, damit Professionelle ihren Klienten besser helfen können. Organisationsberatung wird eingesetzt, damit Organisationsmitglieder den Markt und die Kunden besser bedienen können und humane Ziele in der Organisation verwirklicht werden. Kritisch ist allerdings anzumerken, daß durchaus nicht immer Wirtschaftlichkeit mit humaner Arbeitsgestaltung in Einklang zu bringen sind und daß im Zweifelsfalle die ökonomischen Ziele Vorrang haben. Zwar haben wir uns längst daran gewöhnt, daß Begriffe aus der Wirtschaftswelt ubiquitär auch in psychosozialen Einrichtungen gedacht und angewendet werden. Diese Entwicklung verdient aber insofern besondere Beachtung, weil damit auch die Logik der Ökonomie auf Systeme angewendet wird, die einem anderen Ziel dienen als der Profitmaximierung.

Supervision orientiert sich am Gemeinwohl und verpflichtet sich einer sozialen Gerechtigkeit, ohne primär auf die Kosten zu achten. Organisationsberatung muß primär an der Rentabilität eines Betriebes orientiert sein. Schließlich etabliert Supervision Reflexionszonen, die vom Einfluß der Organisationsleitung weitgehend frei bleiben. Organisationsberatung dagegen schafft Beratungssituationen, die dem Primärziel der Organisation direkt untergeordnet sind (Buer 1999, S. 89).

Die postulierten Unterschiede verwischen sich in der Praxis längst. Organisationsberatung findet in sozialen Einrichtungen statt. Supervision hat sich längst vom einzelnen über das Team auf die Gesamtorganisation ausgedehnt. Supervision eignet sich den Kundenbegriff und die Sichtweise der Konkurrenz mit verwandten Systemen an, und Organisationsberatung schafft im Zuge der Ausbreitung von Teamarbeit in Profiteinrichtungen relativ autonome Reflexionszonen.

Gemeinsame Perspektiven und Werkzeuge

Trotz der aufgezeigten Unterschiede von Supervision und Organisationsberatung lassen sich auch Gemeinsamkeiten hinsichtlich der Analyse und der Interventionen aufzeigen. Beide Verfahren entnehmen für ihre praktische Arbeit Kategorien aus anderen Theoriezusammenhängen.

Gruppendynamische Perspektiven schützen den Berater und Supervisor vor zu raschen persönlichen Zuschreibungen. Die Leitidee lautet, Probleme nicht mit persönlichen Schwierigkeiten der Gruppengliedern zu erklären, sondern eher danach zu fragen, welches Gruppenphänomen der einzelne mit seinen Verhaltensweisen ausdrückt. In diesen Rahmen gehört der Umgang mit dem Sündenbockphänomen in Gruppen. Die Identifizierung eines Schuldigen ist in der Regel mehr Ausdruck einer dysfunktionalen Kultur des Umgangs mit Aggressionen. Sehr oft weißt ein Sündenbock darauf hin, daß andere stärkere Gruppenmitglieder Konflikte vermeiden und sich stillschweigend darauf geeinigt haben, daß der Schwächste die Zeche für die Schwierigkeiten zahlen soll. Wird das schwächste Gruppenmitglied ausgeschlossen, dann dauert es nicht lang, bis ein anderes Mitglied diese Rolle einnimmt. Technisch geht es darum, den Sündenbock zunächst zu stützen und auf diesem Hintergrund nach den unausgesprochenen Konflikten zu suchen (vgl. Schmidbauer in diesem Band).

Systemische Modellvorstellungen über Organisationen finden in beiden Beratungsformen Anwendung: Faßt man Institutionen als Systeme auf, die sich in Subsysteme differenzieren, so erschließen sich daraus besondere Beobachtungsmöglichkeiten (vgl. Giernalczyk u. Lazar in diesem Band). Das System hat definierte Grenzen zu seiner Umwelt, und die Subsysteme verfügen ebenfalls über mehr oder weniger durchlässige Grenzen innerhalb der Institution. Diese Sicht ist sowohl der Supervision als auch der Organisationsberatung nutzbringend. Bei Teamsupervision kann gefragt werden, welche anderen Subsysteme außer dem Team in der Institution existieren und in welchem Austausch sie zueinander stehen. Bei der Organisationsentwicklung können

Hypothesen darüber entwickelt werden, welches Subsystem einer Firma beispielsweise am leichtesten zu beeinflussen ist, um das Gesamtsystem in eine definierte Richtung zu verändern.

Die systemische Brille impliziert darüber hinaus eine besondere Interpretationsmöglichkeit von Prozessen innerhalb eines Subsystems. Ich kann darüber nachdenken, ob ein bestimmtes Phänomen in einer Abteilung vielleicht stark durch Vorgänge in einer anderen Abteilung oder der gesamten Institution beeinflußt ist. Als Supervisor stelle ich mir die Frage, was die Situation in der Teamsupervision mit der übrigen Teamarbeit zu tun hat, oder ich überlege als Organisationsberater, welche Phänomene hinsichtlich Rollenteilung, Einhaltung von Absprachen und Ziehung von Grenzen wohl typisch für die Arbeitsteilung einer Firma sind. Auf der Interventionsebene stelle ich meine Beobachtungen den anderen Teilnehmern zur Verfügung, reflektiere mit ihnen, ob sie meine Wahrnehmung teilen können und rege an, darüber nachzudenken, ob dieses Phänomen auch charakteristisch für andere Formen der Zusammenarbeit ist und ob dies eine funktionale Form der Zusammenarbeit ist. Man könnte davon sprechen, daß Supervisoren und Organisationsberater die »Selbstanalyse des Beratungssystems als Spiegel auch sozialer Strukturen des ratsuchenden Systems« benutzen (Rappe-Giesecke 1999, S. 326).

Eine weitere nützliche Brille für beide Vorgehensweisen ist das systemisch-psychoanalytische Konzept der Primäraufgabe (Sailer 1991; Giernalczyk u. Lazar in diesem Band). Die Primäraufgabe wird dadurch definiert, welchen Input ein System aus seiner Umwelt erhält und welchen Output es hat. Mit anderen Worten geht es um die Frage, mit welchen Mitteln welche Ergebnisse produziert werden sollen. Die Frage danach, was die Primäraufgabe etwa einer Firma oder einer Klinikambulanz ist, löst oft rege Diskussionen aus und führt zur Klärung von Mißverständnissen und einer gemeinsamen Konstruktion. Kann die Primäraufgabe beschrieben werden, so ist damit ein Maßstab entstanden, an dem einzelne Vorgehensweisen und Routinen hinsichtlich ihrer systembezogenen Effizienz bewertet werden können.

Eine andere nützliche Perspektive ist die Beachtung der Gegenübertragung des Supervisors/Beraters. Gegenübertragung fußt auf der Erkenntnis, daß ich Informationen nicht nur durch direkte Beobachtung meiner Umwelt erhalte, sondern auch dadurch, daß ich mich selbst beobachte und meine Gefühle, Gedanken und Handlungsimpulse unter der Frage auswerte, was sie mit der jeweiligen sozialen Situationen zu tun haben. Ganz konkret kann ich mich, bevor ich die Institution besuche, fragen, wie es mir geht, und diesen Zustand dann mit meinen Gefühlen und Gedanken in der Institution vergleichen. Ich kenne Einrichtungen, in denen ich beispielsweise wenig Kreativität entwickle und Angst davor habe, Fehler zu machen. Es liegt dann die Frage nahe, ob ich persönlich etwas erlebe, was mit strengen Regeln zu tun hat oder eher mit einer strafenden Kultur in der Einrichtung. Die Beantwortung führt zu einer Hypothese über die Zusammenarbeit der Mitarbeiter und lenkt meine Interventionen.

Durch eine psychoanalytische Haltung schenkt der Supervisor und Berater immer der Möglichkeit abgewehrter negativer eigener Affekte eine gewisse Aufmerksamkeit. Angst ist dabei ein wichtiger und oft unterschätzter Bereich, der sich auf Arbeitsprozesse auswirkt. Jede Arbeit produziert spezifische Ängste für die Mitglieder einer Institution. Deshalb frage ich mich immer in Abhängigkeit von der Primäraufgabe, welche Ängste derzeit wohl im Vordergrund stehen und wie sie sich auf die Organisation der Arbeit auswirken. Nicht zu vergessen ist, daß Veränderungsprozesse generell Angst steigern und darum Veränderungsprojekte nur dann wirklich greifen, wenn die Angst der Mitarbeiter berücksichtigt und hinreichend aufgefangen wird. Das in diesem Zusammenhang nützliche Konzept von »Container« und »Contained« wird unter dem Gesichtspunkt der Rolle des Beraters und Supervisors bei Giernalczyk und Lazar in diesem Band genauer ausgeführt.

Literatur

Buer, F. (1999): Profession oder Organisation? Wem dient die Supervision? In: Pühl, H. (Hg.), Supervision und Organisationsentwicklung. Opladen, S. 70–103.

Deutsche Gesellschaft für Supervision (Hg.) (1996): Supervision – professionelle Beratung und Qualitätssicherung am Arbeitsplatz. Köln.

French, W.; Bell, C. (1995): Organisationsentwicklung, sozialwissenschaftliche Strategien zur Organisationsveränderung. Bern.

Hupperts, N. (1975): Supervision. Analyse eines problematischen Kapitels der Sozialarbeit. Neuwied.

Lohmer, M. (Hg.) (2000): Psychodynamische Organisationsberatung. Konflikte und Potentiale in Veränderungsprozessen. Stuttgart.

Pühl, H. (Hg.) (1999): Supervision und Organisationsentwicklung. Opladen.

Pühl, H. (1999): Organisationsentwicklung und Supervision Konkurrenten oder zwei Seiten einer Medaille? In: Pühl, H. (Hg.), Supervision und Organisationsentwicklung. Opladen, S. 13–19.

Rappe-Giesecke, K. (1999): Diagnose in Supervsion und Organisationsberatung: Gemeinsamkeiten und Unterschiede. In: Pühl, H. (Hg.), Supervision und Organisationsentwicklung. Opladen, S. 319–331.

Sailer, D. (1991): Person – Rolle – Institution. Wege zum Menschen 43: 199–215.

Trist, E. L.; Bamforth, K. W. (1951): Some social and psychological consequences of the longwall method of goal-getting. Human Relations 4: 2–38.

Schwerpunkt Supervision

■ Wolfgang Schmidbauer

Die Begegnung mit der Institution und das Unbewußte

Zur Anfangssituation von Supervision und Beratung

Der Anfang einer Beziehung liefert in vielen Fällen unersetzliches Material, um Entwicklungen einzuschätzen und das Kräftefeld zu beurteilen, in dem sich ein Experte bewegt. Beobachtungen in langdauernden sozialen Interventionen (wie in Psychoanalysen) belegen oft, daß zu Beginn, in einer Situation, in der eine wechselseitige »Einstellung« der Beteiligten aufeinander noch nicht möglich war, Erscheinungen auftauchen, die sich später nicht mehr wiederholen und deren Informationsgehalt verloren geht, wenn sie nicht beachtet werden. Es sind Details, die auf den ersten Blick belanglos wirken; man ist versucht, sie als Zufall oder Ungeschick abzutun, während sie in Wahrheit das Unbewußte symbolisieren und eine Zugangsmöglichkeiten erschließen.

Es gibt literarische Themen, die diese Magie der Initialszene spiegeln, die Geschichte von Parzival etwa, der wegen einer einfachen Frage, die er angesichts seiner ersten Begegnung mit den Gralsrittern nicht stellt, viele Jahre umherirren muß, ehe er eine zweite Möglichkeit findet. Ein anderes Bild ist die Schatzkiste, die nur zu einer ganz bestimmten Zeit sichtbar wird und wieder in den Tiefen der Erde versinkt, wenn dem Schatzsucher das Zauberwort nicht einfällt.

In einem heiteren Roman habe ich einmal eine Szene gefunden, in der ein junger, schüchterner Mann der Frau, in die er sich soeben verliebt hat, einen Blumengruß schicken möchte. Zugleich hat seine Großtante Geburtstag. Er geht also in ein Blumengeschäft und sucht Passendes aus: Für die Großtante einen Strauß schlichter Moosröschen, für die Angebetete kostbare Orchideen. In der Aufregung verwechselt er die Adressen, so daß seine alte Tante die prächtigen Exoten erhält, die Frau seiner Träume aber die Altweiberblumen. Weil schüchterne Männer in dieser Art von Literatur Glückspilze sind, ist die mondäne Angebetete über die Moosröschen so entzückt, daß sie sich in den Spender verliebt – wie wunderbar einfühlend, sie haßt Orchideen, die ihr jedermann schenkt und die sie gleich in den Müll wirft. Die alte Tante hinwiederum ist so begeistert von den Orchideen, die auf einen längst von allen anderen vergessenen Kern von femme fatale in ihr anspielen, daß sie flugs dem jungen Neffen einen Teil ihres beträchtlichen und ebenfalls verborgenen Erbes vermacht.

Initialszenen sind von ähnlichen »Zufällen« bestimmt. In ihnen ist alles offen, es gibt keinen Grund, Vorurteile zurückzustellen oder naive Übertragungen zu reflektieren. Ich bin in meiner eigenen Berufsbiographie diesen Qualitäten zuerst in einer Szene begegnet, in der eine anspruchsvolle Künstlerin einen Therapeuten suchte und mehrere Vorgespräche führte, eines davon mit mir. Ich war noch unerfahren und rechnete mir keine großen Chancen aus, aber sie entschied sich dann doch für eine Behandlung bei mir. Ich war ein wenig stolz, meine Kompetenz im Erstgespräch derart überzeugend dargelegt zu haben. Erst viel später, als sie Vertrauen gefaßt hatte, erklärte sie mir, was sie zu dieser Entscheidung veranlaßte: Von den drei Analytikern sei ich, nicht daß ich dächte dick, aber doch der Wohlgenährteste gewesen, jemand, von dem sie den Eindruck gehabt habe, daß er sich etwas gönne und deshalb auch bereit sein werde, ihr etwas abzugeben. Es war nun verständlich, daß das Bild, gegen dessen Übertragung sie gekämpft hatte, ihre bleiche und magere Mutter war, die eine unglückliche Ehe führte und früh an Krebs starb. Und mir wurde klar, wie wenig meine intellektuelle Brillianz mit der Entscheidung der Analysandin zu tun hatte.

Neue Eindrücke nehmen wir vorsichtig mit einer Pinzette zur Hand, deren zwei Arme sich mit Sprichwörtern verdeutlichen lassen: »Öfter mal was Neues!« Und: »Was der Bauer nicht kennt, das frißt er nicht!« Das bedeutet, daß der Helfer in der Initialszene auf Ablehnung stoßen kann, weil er zu fremd, oder weil er zu vertraut ist – und umgekehrt aus beiden Gründen auf Akzeptanz.

Der Berater zwischen rivalisierenden Berufsgruppen

Ein berufspolitisch sehr engagierter Krankenpfleger trat eben seine neue Stelle als Pflegedirektor einer großen Klinik an. Wir sprachen über Supervision, und ich schlug ihm einen von mir geschätzten Kollegen vor, den ich aus einer institutions-analytischen Gruppe kannte und der ebenfalls von Grundberuf Krankenpfleger ist. Mein Gesprächspartner lehnte lächelnd ab, er habe den ganzen Tag mit Pflegekräften zu tun, so jemanden könne er nicht auch noch in seiner Supervision gebrauchen.

Etwas später stellte eine Supervisorin in einer solchen Gruppe eine Initialszene vor. Sie ist vom Grundberuf her Kranken-schwester und Pflegelehrerin. Den Auftrag für den Supervisi-onsprozeß erhielt sie von einer psychiatrischen Klinik, in der turnusmäßig immer eine der vier Stationen Supervision »hat«. Der Ausleseprozeß mußte langwierig gewesen sein, ohne daß die Supervisorin Genaueres über die anderen Kandidaten er-fragte; das Team hatte fünf Bewerberinnen und Bewerber einge-laden. Den Ausschlag gab schließlich die Tatsache, daß die Su-pervisorin »aus der Pflege« kam, und die Pflegenden im großen Team die Mehrheit hatten. Der Oberarzt sollte nicht an der Su-pervision teilnehmen; er führte mit den anderen Ärzten und Therapeuten (dem Psychologen und zwei Ergotherapeuten) re-gelmäßig Fallbesprechungen durch, von denen die Pflegenden ausgeschlossen waren. Die »Therapeuten« hatten also zwei Su-pervisionen,[1] eine mit den Pflegenden zusammen bei der exter-nen Supervisorin, eine zweite intern vom Oberarzt.

---

1 Puristen werden einwenden, daß eine Fallbesprechung bei einem Vorgesetzten keine Supervision ist, aber im Sprachgebrauch dieser

Diese Intialszene will ich nun ein wenig genauer untersuchen. Sie gliederte sich in drei Unterszenen: Als die Supervisorin zum erstenmal in die Klinik kam, hatte der Oberarzt verlangt, daß sie sich bei ihm vorstellen sollte. Sie kam pünktlich. Der Oberarzt verspätete sich, entschuldigte sich nicht, stellte etwas fest wie »aha, Sie kommen aus der Pflege« und fragte nach ihren Qualifikationsnachweisen. Das verblüffte sie, denn die Supervision war bereits fest mit der Pflegedirektorin vereinbart, welche auch ihre Qualifikation geprüft hatte.

Die Supervisorin erklärte nun auch dem Oberarzt ihren Ausbildungsweg; er bemerkte darauf, er halte Teamentwicklung für weit notwendiger als Supervision. Nach fünf Minuten beendete er das Gespräch, das auf eine halbe Stunde terminiert war, angeblich weil es einen medizinischen Notfall gab. Im Hinausgehen sagte er zur Supervisorin: »Das sollten Sie noch wissen: die Vorgängerin der Stationsleitung hat auf Station einen Suizidversuch gemacht.« Mit dieser Nachricht entließ er die Supervisorin in die erste Teamsupervision.

In der Initialszene dort herrschte nach der Vorstellung des Konzepts und dem Vorschlag, Probleme anzusprechen, zuerst Schweigen, das der Stationsarzt schließlich mit dem Vorschlag durchbrach, über die Entscheidungsfindung im Team zu sprechen. Er habe auch ein konkretes Thema: Weshalb sei es nicht möglich, ein für alle Mal die Spritzen und Röhrchen für die Blutabnahme so auf ein vorbereitetes Tablett zu legen, wie er es brauche? Nachdem er dieses Bedürfnis den Pflegenden oft erklärt habe, ohne die gewünschte Beachtung dafür zu finden, sei er schließlich dazu gekommen, die Unterlage für diese Gegenstände mit Leukoplaststreifen narrensicher zu markieren. Er wolle nun erfahren, weshalb selbst diese Maßnahme nicht fruchte. Immer wieder müsse er diese Arbeit, die doch Sache der Pflegenden sei, selbst vornehmen. Als er das sagte, wurde in der Gruppe gekichert; man schien ihn nicht ernst zu nehmen. In das erneute Schweigen hinein sagte der Stationspsychologe, er glau-

---

Institutionen waren solche Differenzierungen nicht repräsentiert (vgl. Belardi 1996).

be nicht daran, daß ohne ein Diplom in Psychologie eine qualifizierte Supervisionsarbeit möglich sei.

Diese Intialszene verriet das Thema der Supervision: In dieser Gruppe von rund 30 Personen (von denen immer nur ein Teil an der Supervision teilnahm, obwohl diese als Pflichtveranstaltung bewertet und auf die Dienstzeit angerechnet wurde) gab es keinen Teamgeist und kaum Führung. Jede Untergruppe arbeitete gegen die anderen. Die Supervisorin wurde auserkoren (als Vertreterin der Pflege) und entwertet (als Nichtärztin und Nichtpsychologin); sie sollte ihre Zeit zur Verfügung stellen, ohne daß sie mit gleicher Verbindlichkeit belohnt wurde, aber auch der Stationsarzt wurde nicht respektiert, als er versuchte, die Supervisorin als Ansprechpartnerin für Verweigerungstendenzen der Pflege einzusetzen. Daß der Oberarzt zu einem medizinischen Fall mußte und dies zum Vorwand nahm, die Supervisorin stehenzulassen, spiegelt sich in dem medizinischen Thema des Arztes, der die Reste organmedizinischer Tätigkeit mit Heftpflaster festhalten will, die ihm auf einer halboffenen Station für Süchtige und Suizidale noch geblieben sind. Wenn die Schwestern nur korrekt bei der Blutentnahme assistieren, ist alles gut!

Die Supervisorin wird von dem Augenblick, an dem sie den Fuß in die Tür der Station gesetzt hat, entwertet. Für den Oberarzt zählt nicht, was die Pflegedirektion als Qualifikation ansieht, der Psychologe beharrt darauf, nur seinesgleichen zu respektieren. Und sie wird alleingelassen: der Oberarzt läßt sie ebenso stehen wie der Stationsarzt die Schwestern bei den Patienten im Stich läßt. Ihn interessieren nur die korrekten Blutproben; er scheint zu ignorieren, daß er es mit emotional gestörten Patienten und mit psychisch belasteten Mitarbeitern zu tun hat.

In der Arbeit im Suchtbereich sind soziale Kompetenz und pädagogische Aktivität gefragt. Ein selbstbewußter Arzt, der es sich leisten kann, Schwächen zuzugeben und sich in einen neuen Bereich einzuarbeiten, wird auch in einer Suchtstation Erfolge haben; dem ängstlichen und unsicheren Mediziner bleibt nur die parasitäre Existenz des Organikers für Patienten, deren Probleme woanders liegen. Dann wird der Arzt für eine Arbeit bezahlt, die andere – vor allem die Pflegenden in der Psychiatrie –

leisten. Diese Lage der Dinge führt dazu, daß defensive Entwertungen um sich greifen – Ärzte sind nie da, wenn man sie braucht (sagen die Pflegenden), und Pflegepersonal ist kaum besser als die Patienten (sagen die Ärzte und finden den Fall der Schwester typisch, die auf Station einen Suizidversuch macht).

In dem halben Jahr supervisorischer Arbeit nach diesem Anfang hat sich die Spaltung zwischen den Berufsgruppen im Team bestätigt. Sie hängt damit zusammen, daß Führungsrollen vakant und integrierende Kräfte schwach entwickelt sind. Solche Zustände sind in wenig attraktiven psychiatrischen Abteilungen nicht selten und führen zu einem Teufelskreis: Weil das Arbeitsklima schlecht ist, wechselt das qualifizierte Personal oft rasch; es bleiben die, welche sich keine Arbeit an einem anderen Ort zutrauen.

Der Stationsarzt, der sein Spritzentablett mit Heftpflaster markiert hatte, war nach wenigen Sitzungen verschwunden, die Nachfolgerin ließ sich kaum in der Supervision blicken, der Psychologe trug nichts zur Diskussion bei als ab- oder beifällige Kommentare zu den Äußerungen der Supervisorin, die immer besser das geheime Thema der Einrichtung verstand: die Ansteckung durch die Regression der Patienten, die Neigung, sich zurückzuziehen und sein Schäfchen aufs Trockene zu bringen, den Burnout der Engagierten und die defensiven Entwertungen der Resignierten.

Allmählich faßten einige Supervisanden mehr Vertrauen, sich diesen Konflikten zu stellen. In diesem Zusammenhang wurde die Szene von der früheren Stationsschwester erzählt, die Alkoholprobleme hatte und schließlich in einem psychotischen Schub unter den Augen einer entsetzten Kollegin zum Giftschrank ging, um ein stark wirkendes Mittel herauszuholen und zu verschlucken. Auch damals hatte es niemanden gegeben, an den sich die traumatisierte junge Schwester wenden konnte, die Zeugin der suizidalen Geste wurde. Auf der Station waren weder ein Arzt noch ein Psychologe zu erreichen. Endlich fand sich auf einer Nachbarstation ein Arzt, der die bereits halb betäubte Vorgesetzte in die Intensivstation brachte und so das Ärgste verhütete. Sie wurde entgiftet, eine Weile stationär behandelt und verschwand dann aus der Klinik und aus dem Blickfeld ihrer Kolleginnen, die sich erst in der Supervision eingestanden, daß sie mit diesem Drama nicht fertig geworden waren und bis jetzt, anderthalb Jahre später, eine offene Aussprache mit den beteiligten Ärzten vermißten. Der Psychologe, an den sich die Zeugin des Suizids jetzt anklagend wandte, er habe sie völlig im Stich gelassen und ihre Gefühle ignoriert, sagte trotzig, das sei nicht sein Job, von einer Psychiatrie-Schwester könne man erwarten, daß sie einen Suizid verarbeite.

Die Begegnung mit einer Institution unterscheidet sich von der Begegnung mit einem Individuum

Die unbewußte Szene der Begegnung mit einer Instituton unterscheidet sich von der klassischen Initialszene der Analyse (die vor allem in den Arbeiten zum Erstinterview durchleuchtet wurde) so einschneidend, daß sie eine eigene Untersuchung verdient. Während in der Begegnung zwischen Analytiker und Analysand eine Zweipersonensituation untersucht werden kann, in der beide Beteiligten potentiell gleich mächtig sind und die Einheiten der Interaktion zunächst klar abgegrenzt werden können, ist die erste Begegnung mit einer Organisation – zum Beispiel einem Team, das um Supervision nachfragt – nicht überschaubar. Hinter der Person, mit der ich bei meinen ersten Begegnung mit einer Organisation spreche, liegt die Wirklichkeit dieser Organisation im Dunkeln. Mein Gesprächspartner verdeckt sie, manchmal absichtlich, öfter aber ohne sein Wissen.

Der analytische Supervisor wird davon ausgehen, daß der erste Kontakt mit ihm das Ergebnis eines oft komplizierten Prozesses in der Einrichtung ist. Der Teamsprecher, der ihn um ein Vorgespräch bittet und über Einzelheiten informiert, ist in seinen Konturen nicht geschlossen. Er zeigt eine kooperative Seite, aber was sich dahinter verbirgt und welche Geheimnisse der Institution noch nicht formuliert sind, enthüllt sich oft erst nach geraumer Zeit.

Diese Situation setzt sich in den Begegnungen mit der Einrichtung fort. Auch in der Einzelanalyse rechnet der Analytiker mit Widerständen gegen seine Bemühungen, das Unbewußte bewußt zu machen und dadurch einen Prozeß wachsender Realitätstüchtigkeit einzuleiten. Dieser Prozeß ist seinem Grundmuster nach mit einer produktiven Organisationsberatung und Supervision eng verwandt. Auch hier geht es darum, die Realitätstüchtigkeit von Einzelpersonen, Teams und Organisationen im Bereich professioneller Arbeit zu verbessern. Und auch hier ergeben sich Widerstände. Diese sind aber erheblich schwerer vorauszusehen, weil Institutionen ein viel breiteres Spektrum an Möglichkeiten haben, Macht auszuüben und Personen zu manipulieren.

So kann es geschehen, daß auch in der klassischen Situation ein Analytiker belogen wird. Aber der Analysand muß dann selbst lügen, das heißt er handelt in einem potentiellen Konflikt. Oft tritt dann die Wahrheit in einer Fehlleistung oder in einem Traum an die Oberfläche oder der Zwang zur Lüge macht sich im Ausdrucksverhalten bemerkbar. In einer Organisation hingegen geschieht es oft, daß ein Berater getäuscht wird, nicht weil ihn jemand anlügt, sondern weil sich die Mitglieder der Organisation, die sich an ihn wenden, selbst täuschen, weil sie mit den besten Absichten sich selbst etwas einreden, was sich später als Illusion erweist. Hier ist es viel schwieriger, rechtzeitig kritische Fragen zu stellen, denn man hat mit Menschen zu tun, die selbst getäuscht sind. Da sie aber ihrer Einrichtung oder ihrem Unternehmen verpflichtet sind, wollen sie oft später nicht mehr wahrhaben, daß sie ihre eigene Organisation nicht richtig eingeschätzt haben und dann die Verantwortung für die Täuschung an den Berater delegieren.

Ein Beispiel: Ein Organisationsberater wird von der Pflegedienstleiterin einer Klinik konsultiert, um im Haus das Betriebsklima und die Zusammenarbeit mit den Ärzten zu verbessern. Tatsächlich ist Abhilfe angezeigt, denn in dieser staatlichen Einrichtung, einem Aushängeschild der Landesregierung, steht einer von vier Operationssälen leer, weil es an qualifizierten Pflegenden fehlt. Für die Pflegedienstleiterin steht ein Zusammenhang zum schlechten Arbeitsklima in der Einrichtung fest, und sie will etwas dagegen tun. Der Berater nimmt den Auftrag an und entwickelt nach einigen Gesprächen mit der Pflegedienstleitung in den nächsten Wochen ein Konzept, das vorsieht, Pflegende und Ärzte auf gemeinsamen Fortbildungsveranstaltungen anzuleiten, den bisher höchst unbefriedigenden Stil der Kommunikation zu verbessern. Die Pflegedienstleitung nimmt das Konzept entgegen und äußert ihre Bewunderung. Jetzt müsse nur noch auf einer gemeinsamen Sitzung mit dem zuständigen Mann im Ministerium geklärt werden, ob die Maßnahme anlaufen könne.

Diese Sitzung erweist sich als große Enttäuschung. Der Berater wird von dem Ministerialbeamten unterrichtet, daß der ärztliche Direktor der Klinik keine Supervision und keine gemeinsamen Veranstaltungen mit dem Pflegepersonal wünscht. Auf seine verblüffte Frage an die Pflegedirektorin, weshalb sie ihn von dieser Situation nicht schon früher unterrichtet habe, entgegnete diese, sie habe gehofft, der Berater könne ein Konzept zur Verbesserung der Kommunikation zwischen Krankenschwestern und Ärzten entwerfen, von dem die Ärzte und vor allem der Direktor nichts erfahren müßten. Sie sei enttäuscht gewesen, daß in seinem Entwurf gemeinsame Veranstaltungen gefordert würden, und habe bereits gefürchtet, daß sich diese nicht durchführen ließen. Der ärztliche Direktor habe das Ministerium in jedem Konflikt auf seiner Seite, er sei der Hausarzt des Ministers.

Der Berater verließ die Szene enttäuscht und stellte der Pflegedienstleiterin seine vielstündige Arbeit für das Fortbildungskonzept in Rechnung. Sie erklärte ihm daraufhin telefonisch, sie könne leider den Betrag nicht überweisen, denn es sei keine Maßnahme durchgeführt worden. Für einen Voranschlag allein könnte in der Klinik ein Berater ebensowenig bezahlt werden wie ein Fabrikant von Operationstischen.

Der Berater als Sündenbock

Um das Vertrauen der Untertanen zu erhalten und trotzdem unliebsame Neuerungen durchzusetzen, hat Macchiavelli folgendes Vorgehen empfohlen: Man nehme einen energischen Mann, gebe ihm umfassende Vollmachten und ziehe sich eine Weile von der öffentlichen Bühne zurück. Man ist mit etwas beschäftigt, was noch wichtiger ist. Wenn der Mann seine Reformen durchgeführt hat, die Ordnung erneuert ist, bestraft man ihn wegen seiner echten oder vermeintlichen Übergriffe. So gewinnt man die Zuneigung derer zurück, die unter der Reform gelitten haben.

Macchiavelli schildert als Beispiel eines solchen Machtverhaltens das Vorgehen von Cesare Borgia. Dieser hatte mit Hilfe von Söldnerführern, die er geschickt gegeneinander und gegen die Franzosen ausspielte, die Romagna erobert. Er fand, daß seine neuen Lehnsmänner ihre Untertanen mehr ausplünderten als regierten und ihnen eher Grund zur Uneinigkeit als zum Frieden gaben. So entschloß er sich, einem grausamen und entschlossenen Mann, Signor Remirro de Orco, absolute Vollmacht zu geben. Dieser Remigius de Lorqua war 1498 aus Frankreich dem Borgia-Sohn gefolgt.

Er stellte in kurzer Zeit, von dem Borgia zu rücksichtslosem Durchgreifen ermutigt, Ruhe und Ordnung her, worauf der Fürst ihn durch eine zivile Verwaltung ersetzte und im Dezember 1502 hinrichten ließ. Denn der Borgia wußte, daß die Härte seines Vasallen ihm Haß eingetragen hatte, und so mußte er der Bevölkerung klarmachen, daß die Grausamkeiten nicht auf ihn zurückgingen, sondern durch die böswilligen Übergriffe seines Statthalters verschuldet worden waren. »Daher ergriff er die erste beste Gelegenheit und ließ ihn eines Morgens in Cesena auf dem Marktplatz in zwei Stücke teilen und mit einem Stück Holz und einem blutigen Messer daneben zur Schau stellen. Die Brutalität dieses Schauspiels löste bei der Bevölkerung zugleich Genugtuung und Betroffenheit aus.«[2]

Solche Mechanismen scheinen häufig eine wichtige Rolle zu spielen, wenn die Fürsten einer Institutionen einen Helfer von außen hinzuziehen. Er begegnet zunächst einem Auftraggeber, der ihm volle Unterstützung und tiefes Vertrauen in seine Kompetenz versichert. Die Hintergründe seines Auftrags allerdings erkennt er nur allmählich, häufig überhaupt nicht. Seine Aufgabe würde den Fürsten soviel Ansehen kosten, daß er sie lieber nicht in Angriff nimmt. Sie muß aber getan werden, weil sonst die Zustände unerträglich würden.

---

2 Macchiavelli, N.: Principe. Übersetzung v. Philipp Rippel, Stuttgart 1986, S. 57.

Der Fürst löst das scheinbar unlösbare Problem, den Pelz zu waschen, ohne ihn naß zu machen, durch eine Spaltung: er delegiert die unangenehm nässende Seite an den Berater, beschuldigt dann diesen, zu weit gegangen zu sein und nimmt ihm den gesäuberten Pelz ab, um ihn zu trocknen. Der Helfer kann erleichtert sein, daß er nicht geköpft oder verbrannt wird, wie das zu Macchiavellis Zeiten üblicher war. Aber der Ausgang wird ihn verdrießen, um so mehr, je weniger er sich von Anfang an (etwa durch Honorarverträge) abgesichert hat. Je nachdrücklicher das Lob und die Scheinvollmachten des Anfangs seinen Narzißmus geweckt und ihn zur Selbstüberschätzung verführt haben, desto schmerzlicher ist sein Absturz in der Entwertung.

Die Balinttätigkeit mit Teamberatern und Supervisoren hat mir ebenso wie die eigene Arbeit in verschiedenen Institutionen immer wieder gezeigt, wie häufig die Delegation des (un)heimlichen Problems der Institution an den »Fremden« ist, der sozusagen zu Besuch kommt. Es liegt natürlich nahe, daß er in einer in ihren (unbewußten) Traditionen christlich geprägten Gesellschaft als Erlöser begrüßt und später als Aufrührer oder Gotteslästerer gekreuzigt wird. Ein Berater, den ich kennenlernte, pflegt beim Kontraktgespräch (in dem der Vertrag mit der Einrichtung geschlossen wird), grundsätzlich zu fragen, was er denn tun müsse, um hinausgeworfen zu werden. Während ich anfangs das Ansinnen an Berater, Struktur- und Führungsschwächen in den von ihnen besuchten Einrichtungen zu kompensieren, für Ausnahmen hielt, bin ich inzwischen überzeugt, daß solche Wünsche sehr häufig eine zentrale Rolle im Hintergrund der offiziellen Anliegen spielen und die bei weitem häufigste Ursache für Schwierigkeiten oder das Scheitern von Unternehmensberatungen oder Supervisionen sind (Wellendorf 2000; Pühl 1996).

Modellvorstellungen zum Spiegelphänomen

In der Arbeit mit institutionsanalytischen Gruppen für Berater sind Spiegelphänomene häufig und oft sehr fesselnd zu untersuchen. Solche Gruppen sich eine Weiterentwicklung der von Michael Balint für Ärzte eingeführten professionellen Reflexion unter der Leitung eines Psychoanalytikers. Von einem Spiegelphänomen sprechen wir, wenn sich in emotionalen Reaktionen und diese begleitenden Phantasien des Beraters während seiner Arbeit mit der Gruppe etwas wiederholt, was in der Situation aufgetreten ist, welche die Gruppe untersucht. Dabei kann die Gruppe sowohl die Rolle des Beraters spiegeln, wie die Rolle des Teams, der Institution oder der Einzelperson, die beraten wurde.

In meiner institutionsanalytischen Arbeit mit solchen Gruppen habe ich eine Modellvorstellung über das Spiegelphänomen entwickelt, die helfen kann, zugrundeliegende Prozesse zu veranschaulichen und Ansätze zu einer Interpretation zu fördern.

Auf dem Weg in die Institution wird der Berater auf den verschiedenen Ebenen und Szenen seiner Kontakte in einer Weise traumatisiert und deformiert, welche die Geschichte der Institution wiederholt. Dieser Vorgang läßt sich der Kontaktaufnahme eines frei schwimmenden Urtierchens mit einer festsitzenden Kolonie vergleichen. Freud beschrieb den menschlichen Narzißmus gleich einer Amöbe, welche durch ihre Vorstülpungen (Pseudopodien) Objekte mit Libido »besetzen« kann und im Zurückziehen dieser Pseudopodien die narzißtische Energie wieder dem Ich zuführt.

Im Versuch, Kontakt mit der Organisation von seinesgleichen herzustellen, wird die Oberfläche des Urtierchens in einer gewissen Weise verformt. Manche Tentakel werden beschädigt oder zurückgezogen, andere entwickeln sich besonders gut.

Mit dieser Veränderung seiner narzißtischen Struktur (seines unbewußten, grandiosen Selbst) kommt der Berater in die institutionsanalytische Gruppe. Diese reagiert auf seine Verformungen. Dabei verfügt sie über zwei grundlegende Modi: die Identifizierung mit der narzißtischen Veränderung, welche der Berater durch den Kontakt mit den Klienten erhalten hat, oder aber die Identifizierung mit der Institution, welche diesen Berater berührt hat. Die erste Identifizierung ist die mit dem Positiv (also der geprägten Form), die zweite die mit dem Negativ (der prägenden Form). Oft treten beide typischen Identifizierungen gleichzeitig in einer Gruppe auf und werden dort diskutiert; es kann auch sein, daß die Gruppe ihrerseits sich organisiert hat und die einzelnen Mitglieder in einer spezifischen Weise von der Kontaktaufnahme mit ihr während ihrer Fallvorstellung beeinflußt werden. Die Auseinandersetzung dieser »Parteien« spiegelt die Auseinandersetzung, welche in der Beratungssituation – oft unbemerkt – abgelaufen ist.

Dieses Modell schließt sich an Theoriebildungen der sogenannten Chaos-Forschung an, in der viele Belege dafür gesammelt wurden, daß sich große, bisher unmöglich voraussagbare Abläufe wie etwa das Wetter am besten dadurch erklären lassen, daß sich kleinste Ursachen in der Interaktion mit anderen Ursachen durch Rückkopplungsprozesse derart potenzieren, daß – um es in einem Bild zu sagen – der Flügelschlag eines Schmetterlings einen Orkan auszulösen vermag.

In der Chaos-Theorie gibt es viele Informationen, die sich auf Spiegelerscheinungen beziehen (Briggs u. Peat 1993). Beim Übergang eines Systems (etwa fließenden Wassers) in den Zustand der Unregelmäßigkeit hat schon Leonardo da Vinci in seinen zahllosen Zeichnungen von Wasser- und Luftwirbeln herausgefunden, daß Wasser zunächst geordnet ein Hindernis umfließt, aber bei schnellerer Strömungsgeschwindigkeit und höherem Druck »chaotisch« wird. Sein Zusammenhang reißt ab, Wirbel, die in immer kleinere Wirbel zerfallen, machen jede Voraussage der Gesamtbewegung unmöglich. Für das Spiegelphänomen fesselnd ist dabei die Beobachtung, daß sich in diesem Zustand der Turbulenz kleinste Unregelmäßigkeiten der Fließgeschwindigkeit in den größten Veränderungen wiederholen. Das System ist auf allen Ebenen instabil; kleine Instabilitäten wiederholen die großen, große die kleinen.

Im 19. Jahrhundert entdeckte der britische Physiker Osborn Reynolds, daß es eine mathematisch definierbare Grenze gibt, an der ein System in Turbulenz übergeht, also unvorhersagbar wird. Die Reynolds-Zahl läßt sich aus einigen Kenngrößen (Rohrdurchmesser, Zähigkeit einer Flüssigkeit und Fließgeschwindigkeit) errechnen; sie sagt das Einsetzen der Turbulenz zuverlässig für ganz unterschiedliche Rohrdurchmesser und Flüssigkeiten voraus. Auch hier entsprechen sich die Veränderungen im Großen und die im Kleinen. Wissenschaftler können die Turbulenzen in einer Biegung des Amazonas an einem Modell aufzeigen, das auf einer Tischplatte Platz hat. Eine Weiterentwicklung dieser frühen Modelle, die zur eigentlichen Chaostheorie führte, sind die Beobachtungen über Fraktale, die von Benoit Mandelbrot entdeckt und aus der Welt der Mathematik in viele Bereich der Biologie importiert wurden. Die relativ einfache Gleichung, die zu den bizarren, teilweise sehr schönen »Mandelbrotfiguren« führt, ist von Astronomen, Wirtschaftswissenschaftlern, Biologen, Geologen und vielen anderen Spezialisten in ihren Arbeitsgebieten eingesetzt worden, um Entwicklungen zu beschreiben. So kann man fraktale Bäume zeichnen, die wirklichen idealtypisch gleichen und deren Gestalt sich im menschlichen Bronchial- und Adernsystem wiederholt; die Faltung des Gehirns von Säugetieren spiegelt dieselben Strukturprinzipien wie eine Küstenlinie oder ein Reifkristall.

Der menschliche Körper ist ein selbstähnliches System, genauer: eine Fülle solcher Systeme, die untereinander (wie Bronchienbaum und Gefäßnetz) verknüpft sind. Dieses »Netz« setzt sich als soziales Netzwerk nach außen fort; in der Psychologie bestimmt es nach den Arbeiten von Montague Ullman auch unsere Träume, in denen ebenfalls bestimmte Grundprobleme in großen, dramatischen Abläufen ebenso wie in winzigen Details ausformuliert sind (Ullman 1987).

Eine Supervisorin, die in einer Einrichtung der forensischen Psychiatrie arbeitet, in der unzurechungsfähige Täter untergebracht sind, berichtet über ihre Beklommenheit, mit der sie jedesmal die vergitterten Türen durchschreitet. Angst und Angstabwehr seien in dieser Einrichtung universell, man könne ihnen nicht entrinnen. Eine kleine Sprachanalyse kann diese Situation weiter verdeutlichen. Dieser Supervisorin sagte einmal einer der Pfleger-Schließer im Gang: »Wir passen schon auf Sie auf.« Diese Äußerung ist zunächst freundlich intendiert: die Beraterin soll sich keine Sorgen machen, sie ist bei dem Personal, das sie supervidiert, in guten Händen, es wird ihr nichts geschehen. Aber gleichzeitig steckt in diesem Satz eine Drohung: Wir sind so mächtig, daß wir entscheiden können, ob sie frei sind oder gefangen, ob sie gehen dürfen oder bleiben müssen. Das heißt, die Beraterin wird verborgen klientifiziert, in der Begegnung mit ihr schwingt latent die Rolle des geisteskranken Täters mit, welcher normalerweise das menschliche Objekt ist, mit dem sich die Institution beschäftigt. Auf den Umgang mit dessen Deformationen ist sie gerüstet. Es ergibt sich die Neigung, die Beraterin zu einer solchen Täterin zu machen, ihr zu vermitteln, daß sie unter Beobachtung steht und man schon neugierig ist, welche Geisteskrankheit sie zeigen wird. In dieser »unschuldigen« Aussage wird ein Stück eines sehr charakteristischen Initiationsrituals deutlich, das allen Institutionen zu eigen ist, die sich mit Gewalt und/oder Sexualität befassen.

Noch ein anderes Beispiel aus der Frühzeit meiner eigenen Supervisionstätigkeit. Ich begann damals hintereinander zwei Supervisionen: Die erste in einer Einrichtung für jugendliche Fixer, die zweite in einer Einrichtung zur Suizidprävention. Beide Organisationen waren von der Teamgröße und der Qualifikation der Mitarbeiter vergleichbar, aber sie hatten eine ganz unterschiedliche Klientel. Beide arbeiteten in schönen Altbauräumen in München.

In der Einrichtung zur Drogentherapie kümmerte sich zunächst niemand um mich; als ich mich einer Frau, die vorbeiging, vorstellte, sagte sie abweisend: »Sie sind also der, der die Therapeuten therapieren soll!« Ich fragte sie nach dem Sitzungsraum; als wir dort ankamen, stellte sich heraus, daß sie selbst eine der Therapeutinnen war. Ich setzte mich neben einen langhaarigen Mann, der nervös Kaugummi kaute und sich dafür bei mir entschuldigte: »Ich habe beschlossen, ab heute nicht mehr zu rauchen!«

In der Einrichtung zur Suizidprophylaxe wurde ich vom Geschäftsführer mit Handschlag begrüßt und mit freundlichen Worten in den Teamraum geführt, wo das ganze Team mich erwartete. Während mir in den zehn Jahren Supervision in der Drogeneinrichtung niemals auch nur eine Tasse Kaffee angeboten wurde, standen hier drei Thermoskannen mit Kaffee und zwei Sorten Tee, Milch, Sahne sowie zwei Sorten Zucker auf dem mit Tassen und Tellern gedeckten Tisch. Eingangs wurde ich gefragt, ob ich nach der Supervisionssitzung an einer Geburtstagsfeier teilnehmen wollte, deren kulinarische Qualitäten an dem Büffet ablesbar waren, das an der Längsseite des Raums aufgebaut war.

Die Drogeneinrichtung hat gelernt, sich gegen Bedürfnisse eines Eindringlings zu verhärten. Sie muß damit rechnen, daß der typische Klient extreme Ansprüche stellt, versorgt und verwöhnt zu werden; folgerichtig ist sie auch trainiert, dem Ankömmling nichts anzubieten. Nach dem Motto: »Gib dem Teufel den kleinen Finger, und schon nimmt er die ganze Hand!« werden orale Wünsche abgewehrt. Die Bemerkung von den Therapeuten, die ich therapieren solle, signalisiert den narzißtischen Mangelzustand, der eine Folge dieser defensiven Institutionalisierung einer Abwehr von Versorgungswünschen ist. Die real vorhandenen Therapeuten in der Einrichtung sind längst nicht gut genug, sie sind selbst gestört, brauchen selbst Therapie, um das zu leisten, was sie leisten müssen. Und indem dem Supervisor der Auftrag unterstellt wird, die Therapeuten zu therapieren, wird ihm auch schon das eigene Scheitern angekündigt. Warum soll es ihm besser gehen als den Therapeuten selbst? Auch diese erleben doch sehr oft, daß ihre Patienten, kaum haben sie eine gerichtliche »Therapieauflage« erfüllt, die Behandlung entwerten und in ihre Sucht zurückkehren. In der Supervision von Suchttherapeuten wird dem Supervisor »nichts geschenkt«. Auf der anderen Seite sind die Beziehungen zu den Klienten, wenn die Therapie gelingt und die heftigen Widerstände durchgearbeitet werden können, stabil und sehr intensiv; viele einst Süchtige vergessen die Personen nie, die zu ihnen gehalten und ihnen geholfen haben, aus ihrer Abhängigkeit herauszufinden.

Ganz anders die depressiven, in suizidalen Krisen aufgefangenen Klienten der Einrichtung für Suizidprophylaxe. Sie brauchen ein hohes Maß an anfänglicher Versorgung. Während die

Drogeneinrichtung streng prüft, ob ein Bewerber drogenabstinent lebt und motiviert ist, werden in der Suizidprophylaxe alle Klienten sofort angenommen und umsorgt. Dieses Entgegenkommen spiegelt sich in der Anfangsszene der Supervision: aufmerksamer Empfang, Fürsorge, orale Verwöhnung. Auf der anderen Seite sind die Beziehungen zu den Klienten wenig intensiv. Viele bleiben weg, wenn sie die Krise überwunden haben; andere werden in eine Klinik oder in eine ambulante Therapie vermittelt. In der Supervision dort wurde oft diskutiert, was zu tun ist, wenn sich ein Klient zum vereinbarten Termin einfach nicht zeigt. Soll man gar nichts unternehmen, ihm schreiben, ihn anrufen, ihm eine Rechnung schicken, weil für den ausgefallenen Termin die Kasse nicht aufkommt, während sie für den stattgehabten einen Zuschuß zahlt?

Ebenso oft wurde in der Drogeneinrichtung diskutiert, ob man jetzt diesen oder jenen Klienten endlich hinauswerfen dürfe/müsse, weil er die Therapeuten verarsche und an einer Veränderung gar nicht interessiert sei.

Während ich die Supervision in der Drogeneinrichtung selbst beendete, nachdem sie zehn Jahre gedauert hatte und ich (neben dem Leiter und einem Teammitglied) der dienstälteste »Mitarbeiter« geworden war, wurde ich in der Suizidprophylaxe nach einigen Jahren höflich hinauskomplimentiert, man sei neugierig auf Abwechslung, einen anderen Supervisor. Ich erhielt ein Gruppenbild des Teams zur Erinnerung, sowie die Einladung, dem Trägerverein beizutreten.

Was ich mit diesen Anekdoten zeigen will, ist die Anfangs- und Schlußbetonung der Spiegelphänomene: Sie sind zu Beginn und am Ende einer Begegnung am deutlichsten ausgeprägt. In beiden Fällen wird nach unserem Modell die Deformation des Urtierchens besonders spürbar: Zu Beginn der Begegnung, weil jetzt die spezifischen Deformationen der Tentakel einsetzen; an ihrem Ende, weil jetzt durch die Loslösung von dem vertraut gewordenen Milieu diese Deformationen vollständig erlebt werden. In jeder seelischen Beziehungen werden Grenzen überschritten und Projektionen ausgetauscht; die unzählige Mal in Psychotherapien ausgesprochene Forderung, »sich besser abzugrenzen« beschwört gerade diese Situation ganz ähnlich, wie die tausendmal im militärischen Kontext geäußerte Forderung, »sich zusammenzureißen« die Universalität menschlicher Regressionsneigungen verrät.

Initialszene und Initiation

Eine weitere Ebene der Spiegelphänomene eröffnet die kulturanthropologische und sozialgeschichtliche Perspektive: Spiegelungen in der Geschichte einer Institution und in der Geschichte von Institutionen. Angesichts der Mikrotraumatisierung der erwähnten Beraterin, die angesichts einer Institution, die sich mit der Verwahrung von »Unberechenbaren« beschäftigt, dort immer wieder von Gefühlen des Ausgeliefertseins und der Angst ergriffen wird, macht ein Blick in die Geschichte der Sozialisationen in gewaltnahen Institutionen diese Erlebnisse verständlicher. Immer geht es hier darum, den »Rekruten« mehr oder weniger schockartig mit der Brutalität jener Ausschnitte der Wirklichkeit zu konfrontieren, welche die Institution zu kontrollieren beauftragt ist. Beispiele:

– Der Gerichtsmediziner, der die Einführung der jungen Kriminalbeamten in die Pathologie so gestaltet, daß er vor ihren Augen eine Leiche seziert und seine sadistische Freude kaum verhehlen kann, wenn einem der Beobachter nach dem anderen schlecht wird und sie einer Ohnmacht nahe kommen.
– Der Drill-Sergeant, der die ihm anvertrauten jungen Männer anschreit, sie als Waschlappen, Schwule, Weiber beschimpft, ihren Widerspruch niederbrüllt, sie durch Exerzieren im Schlamm und peinliche Kontrolle ihrer Uniformen demütigt und ihnen vermittelt, alles, was sie bisher zur Stabilisierung ihres Selbstgefühls benutzt hätten, sei wert- und sinnlos, sie seien allein ihm und dem Ideal des Kämpfers ausgeliefert.
– Der in vielen Primitivkulturen verbreitete Ritus einer Initiation von Jungen und Mädchen, in denen diese von ihren Eltern getrennt, auf die verschiedenste Weise belehrt, erschreckt, geängstigt, oft lebensgefährlich an den Genitalien verletzt wer-

den (Beschneidungen, Subinzision des Penis in Australien, Genitalverstümmelung von Mädchen in Afrika). Hier tritt die Gruppe der sexuell reifen Erwachsenen den Jugendlichen drohend entgegen, beschädigt das kindliche Selbstgefühl und geht davon aus, daß aus diesen Beschädigungen (und nur durch sie) der von der betreffenden Kultur erwünschte Typus der erwachsenen Frau oder des erwachsenen Mannes geschaffen wird (Beckwith u. Fisher 1999).

– »Du wirst den Ernst des Lebens schon noch kennenlernen«, sagen Eltern zu ihren Kindern. Die Drohgeste hat hier die Inszenierung ersetzt, mit dem in den Initiationsriten der Übergang in den »Ernst des Lebens«, das heißt in die Auseinandersetzung mit Sexualität und Aggression und die Autonomie des Erwachsenen bewerkstelligt wurde.

Läßt sich die zähe Beharrlichkeit erklären, mit der sich solche Initiationsrituale verbreitet und erhalten haben? Greifen wir noch einmal unsere Metapher von dem Urtierchen auf, das sich dem aus festsitzenden Exemplaren seiner Art organisierten Riff nähert und durch diese Begegnung deformiert wird. Das Kind wird »sozialisiert«; eine Sozialisation verläuft aber nicht kontinuierlich, sondern in Phasen der Beunruhigung und der Konsolidierung. Entwicklungspsychologen sprechen von den »Erregungs- und Beruhigungsphasen«; in der psychoanalytischen Entwicklungslehre wird von Trennungs- und Wiederannäherungsphasen gesprochen. Im Initiationsritus kulminieren beide.

Diese Rituale regulieren den Austausch der Organisation mit ihrer Umwelt. Indem Regellosigkeit vermindert wird, weil alle Organismen der eigenen Art in einer spezifischen Weise verformt werden, kann die Organisation ihren Energieverbrauch vermindern. Dabei sind Organisationen nicht zimperlich. Zudem sind diese Regulationen häufig nicht rational, sondern affektiv gesteuert. Sie bewähren sich in der Evolution und bestätigen bei genauer Betrachtung auch ein Detail der Evolutionstheorie, wonach das Überleben der Art oder die maximale Steigerung von Fortpflanzungsraten rücksichtslos durch die Organismen hindurch deren Verhalten steuert. Das Erleben von

Schmerz und Angst wird dabei als leistungssteigernde Motivation von den Konstrukteuren der Evolution in Kauf genommen. Erst wenn die Traumatisierung einen Grad annimmt, an dem sie die Leistungsfähigkeit in der Fortpflanzung beeinträchtigt, wird die Evolution das ihr Mögliche tun, um sie zu vermindern.

In den willkürlich anmutenden Grausamkeiten der Initiationsrituale, die sich in abgemilderter Form bis heute im klinischen[3] und militärischen Bereich wiederholen, begegnen wir darüber hinaus der institutionellen Lösung eines psychologischen Widerspruchs. Der Mensch ist durch die große Überlebensbedeutung von emotionalen Bindungen schlecht darauf vorbereitet, Grundsätze und Befehle über seine Gefühle zu stellen. Es ist notwendig, sehr starke Ängste zu wecken, um die natürliche Bereitschaft zu bekämpfen, sich gehen zu lassen. Es muß dem Soldaten ebenso wie dem Chirurgen unmöglich gemacht werden, sich durch die Identifizierung mit dem Schmerz eines Menschen in einer vorgeschriebenen Aktion beirren zu lassen. Daher müssen Soldaten, Chirurgen und nach neueren Untersuchungen aus Griechenland (wo der Wechsel Demokratie-Diktatur-Demokratie in frischer Erinnerung ist) auch Folterspezialisten traumatisiert werden, um ihre Einfühlungsbereitschaft wirkungsvoll zu blockieren.

Die hier unternommenen Versuche, durch Modellbildung und Metaphorisierung einen komplexen Untersuchungsgegenstand zu beschreiben, stehen in einer psychoanalytischen Tradition. Sie genügen den Forderungen einer umfassenden Theoriebildung nicht. Allerdings hat diese angesichts komplexer Systeme bisher kaum verwertbare Ansätze erbracht. So gesehen, lassen sich Metaphern und der Biologie oder der Psychologie ent-

---

3 Die Gestaltung des Anatomieunterrichts, die Sozialisation in der Chirurgie, die Rituale in französischen Klinikmessen ließen sich als Beispiele anführen. Ferdinand Sauerbruch erzählt in seiner Autobiographie genüßlich, wie er mit seinen Assistenten angesichts eines Fehlers »den Klinikboden aufwischt« und sich keineswegs entschuldigt, wenn sich herausstellt, daß es diesmal er selbst war, der sich geirrt hat (Bollinger et al. 1981).

nommene Modellvorstellungen durchaus als geeignete Formen von Theoriebildung in der Analyse von Institutionen verstehen. In solchen Ansätzen haben die menschlichen Affekte und das Unbewußte den Platz, der ihnen gebührt, den ihnen aber die klassische Rollentheorie oder die systemische Soziologie nicht einräumen.

Literatur

Beckwith, C.; Fisher, A. (1999): Africa. Kulte, Feste, Rituale. München.

Belardi, N. (1996): Supervision. Eine Einführung für soziale Berufe. Freiburg i. Br.

Bollinger, H.; Brockhaus, G.; Hohl, J.; Schwaiger, H. (1981): Medizinerwelten. Die Deformation des Arztes als berufliche Qualifikation. München.

Briggs, J.; Peat, D. (1993): Die Entdeckung des Chaos. München.

Getschmann, D. (Hg.)(1988): Arbeitswelten von innen betrachtet. Reportagen zur Organisationskultur. Frankfurt a. M.

Macciavelli, N.: Il Principe, übers. Philipp Rippel. Stuttgart, 1986.

Pühl, H. (Hg.)(1996): Supervision in Institutionen. Eine Bestandsaufnahme. Frankfurt a. M.

Schmidbauer, W. (1983): Helfen als Beruf. Reinbeck.

Schmidbauer, W. (1999): Mythos und Psychologie. München, 2. Aufl.

Wellendorf, F. (2000): Supervision als Institutionsanalyse und zur Nachfrageanalyse. In: Pühl, H. (Hg.), Handbuch der Supervision 2. Berlin, S. 30–41.

Ullman, M. (1987): Wholeness and Dreaming. In: Healey, B.; Peat, D. (Hg.), Quantum Implications. London.

■ Harald Pühl

Team-Supervision ist immer spannend

Als Team-Supervisor arbeite ich immer in einem besonderen Spannungsverhältnis – das macht die Team-Supervison so spannend. Bezugspunkt meiner Arbeit ist in erster Linie die institutionelle Arbeitsaufgabe. In einer sozialen Institution ist dies die Frage wie beispielsweise die Versorgung oder Beratung des Klientels optimal gewährleistet ist. Als Supervisor muß ich mir dazu einen eigenen Platz jenseits von Bündnissen suchen, um das Geschehen bearbeiten, reflektieren und entwickeln zu können. Deshalb muß ich bereit und in der Lage sein, die institutionellen Aufgaben und Ziele zu verstehen.

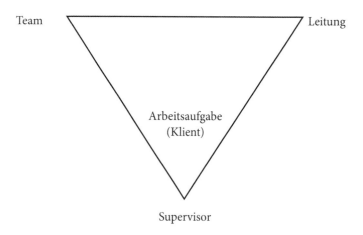

Abb. 1: Aufgabe des Supervisors in der Team-Supervision

Erstes Spannungsverhältnis:
Supervision zwischen Team, Leitung
und Arbeitsaufgabe

Als Supervisor darf ich mich nicht als institutioneller Wasserträger mißbrauchen lassen: Weder für die einseitigen Interessen des Teams gegen die Leitung noch umgekehrt. In der Praxis zeigt sich immer wieder wie schwierig dies ist. Beispielsweise taucht in Team-Supervisionen häufig die Frage auf, inwieweit die für das Team Verantwortlichen in die Supervision einbezogen werden, wenn sie – was oft der Fall ist – nicht an der Supervision teilnehmen (können).

Unter dieser Prämisse der Rückkopplung wesentlicher institutioneller Daten kann es in der Team-Supervision beispielsweise keine absolute Schweigepflicht geben. Diese können die Mitarbeiter untereinander selbstverständlich für Persönliches vereinbaren. Gebe es von Team und Supervisor zu den hierarchisch Verantwortlichen eine Schweigepflicht über wesentliche institutionelle Belange, würde das Team als wichtiges Subsystem von der institutionellen Gesamtdynamik abgekoppelt werden – und dadurch wie eine autonome Gruppe behandelt werden.

Besonders Supervisoren mit therapeutischer Ausbildung stehen in der Gefahr, ihr Setting auf die institutionelle Beratung zu übertragen. Ich denke dabei in erster Linie an die Schweige- oder Verschwiegenheitspflicht, die sie ihren Team-Supervisanden empfehlen. Diese Verschwiegenheitsempfehlung provoziert geradezu verdeckte Bündnisse. Sie wirkt sich für die Gesamtinstitution entwicklungshemmend oder im Extremfall sogar konfliktverschärfend aus. Einmal davon abgesehen, daß sie sich in der Praxis sowieso nicht einhalten läßt, da unter dem Mantel der Vertraulichkeit immer Informationen aus Team-Supervisionen nach außen dringen und auf ihre Weise wirksam sind. (Um hier Mißverständnissen vorzubeugen: Es geht mir nicht darum, es zu unterbinden, wenn die Beteiligten für sich eine Schweigepflicht einführen; die für persönliche Dinge selbstverständlich auch für mich zählt.)

Durch die vom Supervisor etablierte Schweigepflicht baut er eine unsichtbare Grenze zwischen Team und Gesamtinstitution auf. Unbewußt bietet er sich den Teammitgliedern als der Verstehende und Verständnisvolle an und schafft so ein Klima der Solidarität.

Bündnisse jeder Art sind aber immer Zusammenschlüsse gegen etwas oder gegen jemanden. In der Institution kann dies der Chef, der Träger oder ein anderes Team sein oder aber die Arbeitsaufgabe, beispielsweise die Beschäftigung mit der Pädagogik oder der Therapie, die vielleicht als zu belastend und von den Anforderungen als unrealisierbar erscheint.

Ich gehe davon aus, daß Themen, die in der Team-Supervision angesprochen werden, immer konflikthaftes Material der Gesamtinstitution beinhalten. Dies gilt für die Auseinandersetzung zwischen Kollegen ebenso wie für die Fallarbeit. Wenn der Supervisor durch die Schweigepflicht eine unsichtbare Grenze zwischen Team und Gesamtinstitution zieht, macht er das Team sozusagen zum Fall, den man behandeln muß. Dadurch kann man die Themen nicht mehr als allgemein-institutionelle sehen und bearbeiten helfen. Systemisch ausgedrückt koppelt er das Subsystem Team von der Gesamtinstitution ab. Damit macht er das, was früher mit dem sogenannten Indexpatienten in Familien geschah: Durch die isolierte Behandlung des Indexpatienten konnten seine Symptome nicht mehr als Störung des Systems Familie gesehen werden. Begünstigt durch die isolierte Behandlung entwickelte er sich mehr oder weniger aus dem Familiensystem heraus, während das Restsystem in seiner Entwicklung erstarrte. Das läßt sich auf die Team-Supervision mit Schweigepflicht übertragen oder anders ausgedrückt: Die Team-Supervision wird zu einer Art Gegen-Institution.

Als probates Mittel, der in allen Organisationen latenten Paranoia entgegenzuwirken, hat sich für mich die größtmögliche Transparenz erwiesen. Ich bespreche mit den Teammitarbeitern, wie mein Kontakt zur Organisation aussieht, ob es Vorkontakte gab, welche Gespräche ich mit der Leitung bereits geführt habe und welchen Auftrag ich bekommen habe und wie ich weiterhin gedenke, meinen Kontakt zur Leitung zu gestalten. Die gleiche

Vereinbarung treffe ich mit den team-verantwortlichen Leitern. Diese Transparenzformel hat bisher von beiden Seiten immer Zustimmung erfahren und auf keiner Seite zu Widerständen geführt. Ganz im Gegenteil: Sie wurde bisher immer als vertrauensbildende Maßnahme angesehen (Pühl 1998).

Zweites Spannungsverhältnis: Supervision zwischen Fachberatung, Selbstreflexion und Klientenarbeit

Ein zweites Spannungsverhältnis scheint mir für die Team-Supervision relevant, und zwar das Verhältnis von Selbstreflexion zu fachlicher Beratung. Während ich in den Anfangsjahren meiner Supervisorentätigkeit diese gern als berufsbezogene Selbst-

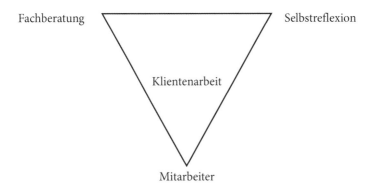

Abb. 2: Spannungsverhältnis zwischen Selbstreflexion und fachlicher Beratung

reflexion bezeichnet habe, sehe ich inzwischen, das dies nicht den Kern supervisorischen Handelns trifft oder nicht ausreicht. Reine Selbstreflexion rückt dieses Verfahren zu sehr in die Nähe therapeutischen Handelns – und das kann es nicht sein. Vielmehr ist Supervision ihrem Charakter nach eine berufsbezogene und berufsbegleitende Fortbildung. Ich bezeichne diese Beratungsform deshalb als »Fortbildungs-Supervision« (Pühl 2000). Besonders in der fallbezogenen (Team-)Supervision geht es darum, daß die Mitarbeiter ihre Beziehungen zu ihren Klienten besser verstehen und gegebenenfalls anders gestalten. Soweit das für die Klientenarbeit von Bedeutung ist, schließt das die Kooperationsbeziehung unter den Kollegen und zur Institution ein.

Die Beziehungen besser verstehen und anders gestalten schließt die Selbstreflexion und die fachliche Beratung durch mich als Supervisor ein. Selbstreflexion meint verkürzt, das emotionale Geschehen zu verstehen. Das kann bedeuten, die Dynamik des Klienten umfassender zu verstehen. Das kann aber auch gleichzeitig bedeuten, die emotionale Involviertheit des oder der Mitarbeiter zu reflektieren. Die fachliche Beratung folgt in der Regel nach der Klärung des emotional-dynamischen Geschehens. Hier kann der Supervisor auf einer rationalen Ebene vermitteln, was typisch an dem Fall ist und wie man sich das Geschehen erklären kann. Es kann sich daran auch eine Art von Institutionsanalyse anschließen, die den Fall als Ausdruck der je spezifischen Organisationsdynamik widerspiegelt. Es können sich auch Konzeptdiskussionen anschließen, weil deutlich wird, daß die konzeptionellen Vorstellungen nicht mehr realisierbar sind und angepaßt werden müssen.

Literatur

Pühl, H. (1998): Teamsupervision: Von der Subversion zur Institutionsanalyse. Göttingen.
Pühl, H. (2000): Handbuch der Supervision 2. Berlin.

■ Heidi Möller

Was ist gute Supervision im stationären Setting?

Einleitung

Im Zuge der Diskussion um die Qualitätssicherung von Arbeits-
prozessen und -produkten kommt der Supervision eine zentrale
Rolle zu, deren Bedeutung in Zukunft weiter zunehmen wird,
denn mit ihrer Hilfe scheint Qualität nahezu garantiert. Die
Antwort auf die Frage jedoch, was die Qualität des Instruments
Supervision selbst ausmacht, blieb bislang unbeantwortet. Ziel
meiner Untersuchung war es, Merkmale »guter Supervisionspraxis« im stationären Setting herauszuarbeiten. Moderner psy-
choanalytischer Supervisionspraxis wurde die integrativ supervisorische Sichtweise gegenübergestellt und einer kritischen Reflexion unterzogen. Die Aufbereitung des aktuellen Forschungs-
stands (Märtens u. Möller 1998; Möller u. Märtens 1999) macht
die Notwendigkeit deutlich, mikroanalytisch zu zeigen, was in
Supervisionsprozessen tatsächlich geschieht. Die Komplexität
des Gegenstands der Supervisionsforschung sowie die zahlreichen Parameter, die zu berücksichtigen sind, bergen die Gefahr
methodischer Vereinfachung. In den bisher vorliegenden Untersuchungen wurde nachzuweisen versucht, wie sich die Supervi-
sionseffekte außerhalb des supervisorischen Tuns auswirken,
zumeist wurden subjektive Einschätzungen der Supervisanden
per Fragebogen erhoben (Schneider u. Müller 1995).

Meine Untersuchung hingegen beschäftigte sich mit dem Su-
pervisionsprozeß selbst und klärte die Fragen, *was* die Supervisoren eigentlich mit ihren Supervisanden machen und *wie* sie
dabei methodisch vorgehen. Supervision selbst wurde als Medi-
um Kommunikativer Sozialforschung begriffen, das Instrument

Supervision zur Selbstanwendung gebracht und eine Einheit von Beratungspraxis und Forschung hergestellt. Es ist gelungen, eine Innenschau von Teamsupervisionsprozessen im stationären Setting zu zeigen. Je drei Teamsupervisionsitzungen in Kliniken in einem Umfang von 90 Minuten bis zu drei Stunden wurden aufgezeichnet, transkribiert und in Hinblick auf die Dimensionen Verlauf, Arbeitsbündnis, Interventionsstrategien und Gruppendynamik szenisch-psychoanalytisch ausgewertet. Mit Hilfe der Methodik des »stimulated recalls« (Breuer 1991) wurden zudem sämtliche Interventionen der Supervisoren auf ihre emotionalen, kognitiven und handlungsleitenden Prozesse hin untersucht. Um aussagekräftige Ergebnisse zu erhalten, war es notwendig, zum Teil mehrtägige Interviews mit den Untersuchungspartnern – alle Experten ihres Faches in Praxis, Theoriebildung und Lehre – zu führen. Die Tonbandaufnahme der Teamsupervision wurde gemeinsam mit dem Supervisor abgehört und der Supervisor/die Supervisorin wurde zu Beginn der Kernuntersuchung folgendermaßen instruiert:

»Bitte versuchen Sie, sich möglichst intensiv und genau in die entsprechende Sequenz der Supervisionssitzung zurückzuversetzen. Sie können – genauso wie ich – das Band jederzeit anhalten. Mich interessiert Ihre Sicht auf das Geschehen. Berichten Sie mir möglichst umfassend, was im Zusammenhang mit Ihrer Intervention in Ihnen vorgegangen ist. Versuchen Sie eine möglichst vollständige Wiedererinnerung und Verbalisierung Ihrer psychischen Prozesse: Wahrnehmungen des Prozesses, Gedanken, Gefühle, Hypothesen, Assoziationen und Phantasien aller Art, Erwartungen, Ziele, Pläne, Bewertungen, Intuitionen, leibliche Resonanzphänomene und Empfindungen. Nicht nur klare und eindeutige Erinnerungen interessieren mich, auch Verschwommenes und Vages der Supervisionssequenz ist wichtig« (Möller 2001).

Dadurch entstand eine immense Datenfülle, die inhaltsanalytisch, kommunikationstheoretisch und tiefenhermeneutisch ausgewertet wurde. Als Qualitätsmerkmale und Gütekriterien, die sich aus der Analyse der Teamsupervisionssitzungen, den korrespondierenden Selbstkonfrontationsinterviews und deren Komparation herausarbeiten ließen, können gelten:

- die Aufgabenorientierung der Supervisoren,
- der Supervisor als Sozialwissenschaftler,
- die Feldkompetenz der Supervisoren,
- die Triangulierungskompetenz der Supervisoren,
- die Abstinenz in der Supervision,
- die Übertragung in der Supervision,
- der Widerstand in der Supervision,
- die Ressourcenorientierung in der Supervision,
- der Supervisor als Team- und Personalentwickler,
- der Supervisor als Organisationsberater,
- Supervision als Dienstverpflichtung,
- endliche versus unendliche Supervision,
- Fallsupervision versus Teamsupervision,
- der Supervisor als Lehrer,
- der Supervisor als Forscher,
- der Supervisor als Rollenspieler,
- der Supervisor als Sprachkünstler,
- Supervision als kreativer und poetischer Prozeß,
- Supervision zwischen Kunst und Wissenschaft,
- die kreativen Prozesse in der Supervision,
- Supervision als gemeinsames Sinnverstehen,
- systematische Heuristik.

Da ich mich als tiefenpsychologisch arbeitende Supervisorin verstehe, liegen die Schwerpunkte dieses Beitrags in diesem Paradigma.

Die Aufgabenorientierung der Supervisoren

Die untersuchten Supervisoren leitet ein Supervisionsverständnis wie Fürstenau (1998) es formuliert. Er weist der Supervision im klinischen Setting den adäquaten Platz zu, wenn er schreibt: »Bei der Teamsupervision in psychiatrischen oder psychosomatischen Kliniken (und Suchtkliniken H. M.) handelt es sich um eine Beratungsbeziehung, die eine Arbeitsgruppe innerhalb einer Arbeitsinstitution nachsucht« (Fürstenau 1998, S. 71). Die externe Beratung dient der Optimierung der fachlichen Aufgaben in der Organisation, die sie – so zeigt der Beratungswunsch – meint, nicht mit eigenen Mitteln befriedigend lösen zu können. Fürstenau wendet sich mit seiner inhaltlichen Bestimmung des Supervisionsgeschehens gegen eine Auffassung von Supervision, die aus der Therapietheorie abgeleitet und unmittelbar auf supervisorische Prozesse übertragen wird. Den Vorwurf, ausschließlich affektive Prozesse im Team zu fokussieren und die Teamsupervision als gegen die Vorgesetzten abgeschirmtes persönliches Unterfangen zu begreifen, richtet er vor allem gegen seine psychoanalytisch orientierten Kollegen, die ihre Wurzeln in der Einzel- und Gruppentherapie haben. Seine Kritik läßt sich ebenso auf Supervisionskollegen anderer psychotherapeutischer Provenienz ausweiten, die die Supervision nicht als eigenständige Profession begreifen, nicht als angewandte Sozialwissenschaft, die ein erweitertes Spektrum von Referenztheorien benötigt.

Der Supervisor als Sozialwissenschaftler

Supervision ist unbestritten ein interdisziplinärer Ansatz, der multitheoretisch und multipragmatisch (Petzold et al. 1997a, b) ausgerichtet ist. Monotheoretische Ausrichtungen verbieten sich in Hinblick auf den Gegenstand der Supervision im Klinikkontext von selbst. Neben der psychotherapeutischen Kompetenz sind für den Supervisor im Kliniksetting sozialwissenschaftliche Kenntnisse unabdingbar. Neben seiner psychotherapeutisch-psychiatrisch-psychosomatischen Perspektive braucht er systemisch-organisationssoziologisches Wissen. »Der Supervisor braucht einen Blick dafür, welchen Stellenwert Absprachen, Regelungen, Ordnungen, Konzeptionen für die Koordination von Menschen zur Erfüllung gemeinsamer Ziele haben und wie sowohl die Eigenart dieser Regelungen als auch der Umgang mit ihnen die persönliche (seelische) Verfassung des betreffenden Personals tangiert und determiniert« (Fürstenau 1998, S. 79). Neben persönlichkeits- und sozialpsychologischen Kenntnissen sind betriebswirtschaftliche, beratungspsychologische, gruppendynamische und psychotherapeutische Kompetenz gefordert. Supervisoren benötigen zudem ich-psychologisch ausgerichtetes Wissen über Kognitionen, Wahrnehmung, Erwartung, Informationsverarbeitung, Denken, Sprechen und Kommunikationstheorie, um ein Supervisionssetting bereitzustellen, das über reine Beziehungsanalyse und Beziehungsberatung hinausgeht:

- Das Wissen, daß Organisationen ab einer bestimmten Größe nur mit großem Reibungsverlust basisdemokratisch geführt werden können,
- daß neue Organisationen nach einer euphorisierenden Pionierphase immer eine Differenzierungsphase durchleiden, die die Emotionalität der Organisationsmitglieder massiv verändert,
- wahrnehmungspsychologische Kenntnisse: Es sind neun gute Nachrichten über eine Organisation notwendig, um eine schlechte zu vereiteln, die das Image angreift.

Zentrale Aufgabe von Supervision ist, was Petzold et al. (1997a, S. 22) unter »Konnektierung« verstehen: »Das Vernetzen unterschiedlicher Wissensbestände in der Absicht, wechselseitige Erhellung und vielschichtige Interpretation zu ermöglichen und Korrekturmöglichkeiten von Einseitigkeiten und Dogmatismen zu gewährleisten.« Die reine Erschließung der Institutionsdynamik von der Ebene der Falldiskussion, der rein subjektive Zugang über die Abbildung der Institution in den Köpfen und Herzen der Mitarbeiter ohne organisationssoziologische Kenntnisse greift zu kurz.

Die Feldkompetenz von Supervisoren

Kompetente Supervisoren haben zwei Professionen. Um die beiden Ziele supervisorischer Prozesse zu erreichen, nämlich die stationäre psychotherapeutische Dienstleistung fachlich »gut genug« zu erbringen und zugleich eine Arbeitszufriedenheit für die Mitarbeiter der Institution zu erreichen, sind sowohl eine qualifizierte psychotherapeutische Ausbildung, die einen souveränen Umgang mit einzelnen und Gruppen gewährleistet, als auch gute Kenntnisse über Kliniken als Institutionen mitsamt ihrer Systemumwelt erforderlich. Aus Chefärzten und Verwaltungsleitern sind heute Manager geworden. Neue Ideen sind gefordert, wenn sich eine Institution auf dem Markt behaupten will. Der Leitung und den Mitarbeitern werden neue Aufgaben abverlangt, etwa die Qualitätssicherung im Krankenhausbereich zu gewährleisten oder sich mit neuen Abrechnungsmodellen für pflegerische Leistungen auseinanderzusetzen. Patienten sind heute kompetente Kunden, um die geworben werden muß, auch wenn die kritiklose Übernahme der Begrifflichkeiten aus der profitorientierten Arbeitswelt sicherlich diskussionswürdig ist. Die Anforderungen an das Personal sind in einer Weise gewachsen, die noch vor zehn Jahren unvorstellbar waren. Supervisoren werden um Hilfe bei kreativen Anpassungsprozessen an eine sich wandelnde Systemumwelt gebeten. »Organisationsstrukturen müssen sich verändern, um diesen Herausforderungen gerecht zu werden« (Ferner 1998, S. 84).

So wird von Supervisoren, die in Kliniken arbeiten, gefordert, daß sie sowohl die bedrängende als auch die sicherheitstiftende Qualität von Institutionen am eigenen Leibe erfahren haben sollten. »Neben der feldbezogenen und der psychoanalytisch-sozialpsychologischen Kompetenz des Supervisors ist hier also eine der Menschenkenntnis vergleichbare Kenntnis der Vielfalt möglicher institutioneller Ordnungen und Regelungen hinsichtlich deren Vor- und Nachteilen, Unterschieden, Konsequenzen, Interdependenzen und Auswirkungen auf das Personal gefragt« (Fürstenau 1998, S. 79).

Die Abstinenz in der Supervision

Bauriedl (1998) regt an, den Begriff der Abstinenz im Kontext der Supervision beziehungsanalytisch zu fassen. Sie definiert ihn: »als Versuch, Grenzen zu ›halten‹ «. In der »Entbehrung«

(Freud 1915) zu arbeiten, heißt für Supervisoren, »der psychischen Ansteckung zu widerstehen« (Bauriedl 1998, S. 134) und beispielsweise die Verschmelzungsgefahr mit dem Auftraggeber zu vermeiden. Aktive Abstinenz bedeutet in Bauriedls Sinn, daß es dem Supervisor gelingen muß, die psychische Getrenntheit von Team, Träger, Klientel und Institution aufrechtzuerhalten, daß heißt seine Unterscheidungsfähigkeit in der Rolle zu bewahren, ohne Polarisierungen vornehmen zu müssen. Abstinenz bedeutet, die Fähigkeit zu haben, das Ineinanderwirken personaler und organisatorischer Strukturen wahrzunehmen und dennoch die beiden Perspektiven gesondert voneinander zu halten. Fengler (1998) belegt das gleiche Phänomen mit dem Begriff der allseitigen Parteilichkeit, und Fürstenau (1998) nennt es Allparteilichkeit. Diese Begriffe sind für supervisorisches Handeln sicher sinnvoller als der der Abstinenz. »Abstinere« bedeutet »sich enthalten« und Supervision ist immer ein aktives Eingreifen in intrapsychische, interaktionale und organisatorische Prozesse.

Die Übertragung in der Supervision

Anders als in der tiefenpsychologischen Krankenbehandlung haben wir es in der Supervision mehr mit sogenannten spontanen Übertragungen zu tun. Qualitativ hochwertige Supervision ist nicht regressionsfördernd angelegt und bestrebt, Übertragungen auf Vorgesetzte, Klienten, andere Teammitglieder, Institutionen (Mentzos 1990) und auf den Supervisor selbst zunächst zu verstehen und dann aufzulösen. »Als die wichtigsten spontanen Übertragungen begegnen uns in der Supervision die Arbeitsfeldübertragungen, die sich als ›primäre Beziehungsschemata‹ in Prozessen sekundärer Sozialisation gebildet haben und Inhalte des Gegenwartsunbewußten geworden sind« (Oberhoff 1998, S. 58). »Falsche Verknüpfungen« (Freud 1895) finden in der Supervision vornehmlich mit den Personen im Arbeitsfeld und mit der Institution statt, weitaus weniger mit dem Supervisor. Das Hier-und-Jetzt der Supervision zeigt lebensgeschichtlich gewachsene spontane oder fluktuierende Übertragungen im

Sinne erfahrungsbedingter Ausbildung von Erwartungen, die an die berufliche Situation herangetragen werden. Sie sind Hindernis und Hilfsmittel der supervisorischen Zielsetzung zugleich, nämlich als Versuch, »adäquates Wahrnehmen und Handeln des Supervisanden in beruflichen Praxissituationen« (Oberhoff 1998, S. 61) zu erreichen. Übertragungsphänomene lassen sich als verlorengegangene Erinnerungen fassen, die sich in der Supervision zeigen. Sie sind zu verstehen als mißlungene Problemlösungsversuche angesichts überfordernder Beziehungserfahrungen. Deshalb zeigen Übertragungen in der Supervision den Wunsch, defizitäre Beziehungsmuster zu überwinden. »Die Bewältigung der Adoleszenz als Krise wird gerade in den sozialen Berufen zu einer entscheidenden Voraussetzung für eine gelingende, schöpferische Professionalität. In der Perspektive der Supervision können Krisen und die zwischen ihnen liegenden Phasen der Konsolidierung als Bestandteile eines professionellen Bildungsprozesses aufgefaßt werden« (Graf-Deserno u. Deserno 1998, S. 34). Übertragungen erscheinen etwa in mißlungener Rollenverkörperung und gehen vor allem auf Prozesse sekundärer Sozialisation zurück. Geschwisterübertragungen, Latenz- und Adoleszenzerfahrungen, insbesondere im Bereich Schule und Leistung, sind die hauptsächlichen Erscheinungsformen. Sie sind als Erwartungshaltungen an die Institution, die Vorgesetzten, Kollegen, Klienten und den Supervisor spürbar. Bisherige Beziehungserfahrung zeigt sich im Schnittfeld des Rollensets, das die Institution zur Verfügung stellt, und im Kommunikationsstil, der miteinander gepflegt wird. Übertragungen, verstanden als Zuschreibungsphänomene, sind in der Supervision bearbeitbar, ohne die Grenze der Intimität der Person zu verletzen. Gelingt dies, so hat die Arbeit an Übertragungsprozessen, die ja niemals explizit angestrebt wird und eher ein Nebenprodukt supervisorischer Arbeit darstellt, persönliches und professionelles Wachstum zur Folge: »Supervisorische Übertragungsanalyse fördert wesentlich den Prozeß beruflicher Identitätsbildung, indem in ihr Wir-Identität (institutionelle Identität) und Ich-Identität miteinander verbunden und ausbalanciert werden« (Oberhoff 1998, S. 58). Alle von mir untersuchten Supervisoren übernehmen die Führung, sie strukturieren die Sitzung und sie sichern das Setting. Damit beugen sie der Regression der Teams vor, geben Halt, ohne das Team zu bedrängen und ihm die Freiheit zu rauben. Alle Experten der Supervision verhalten sich nicht falsch verstanden abstinent. Sie beziehen Position, werten, werden als Personen erkennbar. Damit halten sie die Übertragungsbereitschaft des Teams gering. Sie verbünden sich alle mit dem »unanstößigen Übertragungsanteil«, dem Teil des gesunden Ich der Teammitglieder, das an Problemlösung, Arbeits- und Kooperationsverbesserung interessiert ist. Die jeweiligen Teams sehen in ihnen kompetente Berater, die ihnen auf diesem Weg Begleiter sein können. Die angebotenen Übertragungen seitens der Supervisanden gleichen – wie oft in gelungenen Supervisionsprozessen – denen eines Alternativentwurfs, dem Wunschbild eines adoleszent-ödipalen Elternteils (Graf-Deserno u. Deserno 1998, S. 43). Milde idealisierende Übertragungsprozesse bilden die emotionale Arbeitsgrundlage, fördern das gemeinsame Verstehen. Die Supervisanden der Untersuchungspartner müssen nicht um Wertschätzung und Anerkennung kämpfen. »Aus der Sicht der Übertragung verkörpert der idealisierte Supervisor etwas, das zu erreichen sich lohnt und von Supervisanden erstrebt wird. Erst wenn idealisierte Übertragungen in größerer Intensität auftreten, dienen sie auch als Abwehr von Konflikten« (Graf-Deserno u. Deserno 1998, S. 45). Die Beziehungsgestaltung der Teammitglieder aller untersuchten Teams mit ihrem jeweiligen Supervisor sind von leichter Idealisierung und Identifizierung geprägt. Die narzißtisch-libidinösen Gefühle für die Supervisoren stehen jedoch im Dienst des Ich. Es finden sich wenige Wiederholungen infantiler Regungen, sondern emotionale Lernwünsche, die eine vertrauensvolle Beziehung und einen sicheren Rahmen benötigen. Die Selbstobjekt-Übertragungen auf den Supervisor finden im Sinne der Etablierung einer Beziehung zu einem »bedeutsamen Anderen« (Mead 1973) statt.

Der Widerstand in der Supervision

»Dem Wunsch nach Einsicht und Veränderung steht derjenige, etwas zu verdecken und beim Erreichen zu verharren, entgegen« (Graf-Deserno u. Deserno 1998, S. 18). In der Supervision findet sich sowohl bewußtseinsfähiger als auch unbewußter Widerstand. Widerstand in der Supervision zeigt sich als ein »Sträuben gegen die Einflußnahme anderer« (Schreyögg 1991). Widerstand wird als Schutz gegen innere Paniksituationen immer dann virulent, wenn zuviel Angst mobilisiert wird. Bloßstellungsängste und Kränkungsgefahren, die die Selbstachtung gefährden, spielen in der Supervision eine große Rolle (Möller 1998). Da die Arbeit ein hauptsächlich identitätsstiftender Faktor ist, evoziert die Selbstreflexion beruflicher Praxis notwendigerweise die Abwehr »in actu« (Petzold 1988). Fachliche und/ oder persönliche Defizite könnten in der Supervision offenbar werden und Kritik an der Arbeit als Kritik an dem existentiellen Sosein (Schreyögg 1992) mißverstanden werden. In jedem Supervisionswunsch steckt die Ambivalenz, Veränderung anzustreben und zugleich abzuwehren. Wir finden in jedem Supervisionspro-zeß das Phänomen des »resistence to change« (Lewin 1963). Daneben dient der Widerstand als Beziehungsabwehr des Teams untereinander und dem Supervisor gegenüber. In der Supervision werden unter Umständen starke Affekte wach: Für eine angemessene Fallbearbeitung müssen die Teammitglieder temporär regredieren, um Zugang zu ihrem primärprozeßhaften Erleben zu bekommen, was wiederum Schuld- und Schamgefühle auslösen kann. Sexuelle Gefühle für und sexuelle Phantasien über vorgestellte Patienten können mit Widerstand als angemessener Form der Selbstregulation von Teams beantwortet werden. Supervision beinhaltet subjektiv immer die Gefahr, von Impulsen überschwemmt zu werden und nicht mehr rational denken zu können.

Bei der supervisorischen Arbeit an strukturellen Momenten der Organisation hingegen spielt die Angst um eigene Privilegien und personelle und materielle Ressourcen eine große Rolle. Alle informellen Strukturen, die nicht transparent sind, und alle

Vorgänge, die nicht geregelt sind, bieten Raum für Machtmanöver und Freiräume des Handelns. Auch die Aufgabe des »sekundären Krankheitsgewinns« der Organisation durch gelungene Supervisionsprozesse kann Widerstand hervorrufen.

Für die Supervision ist es unabdingbar, den Aspekt des »technischen Widerstands« zu berücksichtigen, der durch überfordernde methodische Vorschläge, nicht zu verdauende Deutungen (etwa weil zeitlich falsch plaziert) oder fehlende Orientierung am Schwächsten des Teams verursacht wird. Widerstand im Team kann durch technische Fehler des Supervisors verursacht sein: durch die falsch gestellte Indikation eines methodischen Vorschlags, eine supervisorische Intervention, die weder auf das Setting, noch auf die Thematik abgestimmt ist. Fürstenau (1998, S. 80) zieht neben der psychoanalytischen die systemische Perspektive auf den Widerstand zu Rate: »Gefühle des Supervisors von Ohnmacht und Hilflosigkeit sind ein Zeichen dafür, daß der Supervisor (oder Therapeut) etwas will, was der Verfassung des Klientensystems gegenwärtig nicht entspricht.« Er sucht die »guten Gründe«, warum sich das Team so verhält. Die positive Umdeutung erschließt »Ansatzpunkte positiver Weiterentwicklung« oder Hinweise darauf, daß »die Supervision zu beenden ist« (Fürstenau 1998, S. 80). Hilfreich scheint es, die Leistung eines Teams als die bestmögliche zu diesem Zeitpunkt und in dieser Situation zu verstehen. Den Widerstand zu »schmelzen« kann auch bedeuten, mit dem Team nach Erfahrungen zu suchen, in denen Widerstand nicht notwendig oder weniger stark ausgeprägt war. Die untersuchten Supervisoren zeigen modellhaft vorbildliche Arbeit am und mit dem Widerstand, der den Teammitgliedern ja selbst in ihrer täglichen Arbeit begegnet. Bis auf wenige Ausnahmen haben ihre Interventionen überwiegend spannungsmindernde Funktion. Bei der psychoanalytisch orientierten Supervisionssitzung wird am ehesten die schöpferische Leistung, als die der Widerstand zu verstehen ist, in den Vordergrund gestellt. Es wird zugewartet, bis sich die konflikthafte Thematik des Falls in der Sitzung ausbreitet. Die integrativen Supervisoren hingegen versuchen viel aktiver, den Widerstand anzugehen.

Die Ressourcenorientierung in der Supervision

Ullmann (1991) versteht Ressourcen als Quellen, Stärken, Materialien, Erfahrungen und Bedeutungszuschreibungen – einschließlich des Widerstands. Der Ressourcenorientierung kommt in der Supervision besondere Bedeutung zu, da die Stärkung der Autonomie und die Entwicklungsfähigkeit von Teams im Vordergrund stehen. Der Gefahr zu starker Psychotherapeutisierung, den Blick auf den Mangel zu richten und sich der Leidensseite zuzuwenden, entkommen alle untersuchten Supervisoren. Alle betonen sie in ihrer supervisorischen Arbeit weniger die Defizitgeschichte eines Teams und dessen Unfähigkeiten, als vielmehr unter einer salutogenetischen Perspektive (Antonovsky 1979) den Möglichkeitsraum der Teams. Die Supervisoren verbünden sich mit den gesunden Ich-Anteilen der Supervisanden. Sie lösen alle den Anspruch Fürstenaus (1998, S. 77) ein: »Klagen, Konflikte und anstößige Verhaltensweisen in lösbare begrenzte Aufgaben zu überführen.« Es gilt, die Teams von einem anklagenden, jammernden oder depressiven Ton, von pessimistisch-resignativer Haltung sowie einem selbst- und fremdentwertenden Stil modellhaft zu befreien und die Handlungskompetenz in den Vordergrund zu rücken. Allen untersuchten Supervisoren gelingt dies zweifellos. Die Haltung der Supervisoren, den Teams Veränderungsbereitschaft und -fähigkeit zuzutrauen, erweist sich dabei als förderlich.

Negative affektive Reaktionen von einzelnen Teammitgliedern, Teilgruppen des Teams und dem Supervisor gegenüber versteht Fürstenau als »Hinweise auf Unklarheiten und Differenzen im Umgang mit den jeweils tangierten Regelungen oder als Hinweise auf Mängel oder Lücken dieser Regelungen« (1998, S. 77). Er fordert den Supervisor auf, seine Wahrnehmung der affektiven Reaktionen des Personals auf den strukturellen Ordnungszusammenhang innerhalb der Institution zu richten. Auf diese Weise kann er die Phänomene kognitiv aufbereiten und lösungs- und erfolgsorientiert intervenieren. Nur die professionelle Distanz ermöglicht auch Spiegelphänomene, die aus dem Klientel stammen, von den affektiven Reaktionen des Teams zu scheiden. Man könnte Fürstenaus Ausführungen als ein Plädoyer dafür verstehen, als Supervisor überhaupt nicht auf der intergruppalen Ebene des Teams zu arbeiten, sondern Teamkonflikte immer auf der Ebene fachlicher Kooperationsprobleme aufgrund von unzureichender Aufgabendifferenzierungen, mangelndem Informationsaustausch, Ringen um Behandlungskonzeptionen, therapeutischen Standards und Methoden zu verstehen. Damit würde man den verletzungsträchtigsten Aspekt von Supervision, die Bearbeitung der Gruppendynamik im Team, vermeiden.

Einer der untersuchten Supervisoren jedoch legt ebenso wie das von ihm supervidierte Team großen Wert auf sogenannte Beziehungsklärung, ohne jedoch institutionelle Verregelungen, wie Konferenzgestaltung, Urlaubs- und Vertretungsplanung, den Modus der Einweisung neuer Mitarbeiter oder die Kommunikation mit Leitung und Verwaltung zu vernachlässigen. Ein anderer Supervisor nimmt sehr stark gruppenanalytisch orientiert wahr, interveniert jedoch institutions- und individuumbezogen, bis hin zu konkreten Handlungsvorschlägen für das Team. Der psychoanalytische Supervisor praktiziert patientenzentrierte Fallarbeit, die die Reibungskonflikte mit der Leitung nur benennt, aber nicht bearbeitet oder gar in Handlung umsetzt.

Der Supervisor als Team- und Personalentwickler

Mit der Ressourcenorientierung geht bei allen Untersuchungspartnern ein Verständnis von Supervision als Instrument der Teamentwicklung einher (Fürstenau 1998). Alle Supervisoren arbeiten an der Kompetenzentwicklung einzelner Teammitglieder. Sie strukturieren stark und schlagen eine Vorbereitung der jeweiligen Supervisionssitzung vor. Damit zeigen sie (abweichend von traditionellen psychoanalytischen Zugängen), daß auch tiefenpsychologisch orientierte Supervision durchaus vom Team vorbereitet werden kann und die Einigung über das Thema nicht der labilisierten Anfangssituation überlassen werden muß. Sie alle wenden sich damit gegen eine eher meditative Ausprägung supervisorischen Tuns.

Sie geben ein Modell grundsätzlicher Offenheit und Prozessualität vor, verkörpern mit ihrem Supervisionsstil die »letztendliche Unverfügbarkeit« (Petzold et al. 1997b, S. 474) von Wahrheit. Auch wenn Supervisanden nach letzten Antworten und Sicherheit suchen, demonstrieren die Supervisoren mit ihrer Haltung modellhaft Angsttoleranz. Sie variieren im Verflüssigen und Stabilisieren von Strukturen innerhalb der Sitzungen. Sie bieten Weiterbildung und die Verfeinerung diagnostischer und therapeutischer Kompetenz an und tragen damit zur fachlichen Kompetenzentwicklung der einzelnen Teammitglieder bei. Diese erfahren mehr als nur Unterstützung bei der Arbeit an therapeutischen, sozialarbeiterischen und pflegerischen Fähigkeiten.

Die von Gaertner (1992) beschriebene »Fallstrukturierungskompetenz« meint eine »psychische Fähigkeit, von einem konflikthaften Thema, auch wenn es anwesende Personen betrifft, so viel Abstand zu nehmen, daß es wieder reflektierbar wird. Damit ist sie ein unentbehrlicher Bestandteil der Professionalität derer, die im weitesten Sinne soziale Arbeit leisten« (zit. n. Graf-Deserno u. Deserno 1998, S. 173). Supervision wird auch in dieser Hinsicht zu einem wirksamen Instrument der Personalentwicklung.

Zumeist wird die Entlastungsfunktion von Supervision in der Literatur beschrieben (Bönninger 1995; Fengler 1996) und die Burn-out-Prophylaxe betont. Die Evaluation von Stationsteam-Supervision in der Inneren Medizin von Werner und Hennch (1998) zeigt folgende Effekte von Supervisionsprozessen, die über ein Jahr zu drei verschiedenen Meßzeitpunkten erhoben wurden: Neben einer Zunahme der Zufriedenheit mit der Arbeitssituation in allen Bereichen wird eine signifikante Verbesserung im Bereich Freizeit und/oder Familie berichtet. »Die Verbesserung im privaten Bereich ist im Zusammenhang mit der Entlastungsfunktion zu sehen, was man sich so vorstellen kann, daß belastende Erlebnisse durch die Supervision am Arbeitsplatz, statt zu Hause verarbeitet werden können« (Werner u. Hennch 1998, S. 136).

Schlußbemerkungen

Selbstkonfrontationsinterviews bieten eine ausgezeichnete Möglichkeit, Supervisionsprozesse außerhalb des Handlungsdrucks der Sitzungen in Ruhe zu betrachten und die Potentiale der Analyse der Übertragungs-Gegenübertragungsdynamik ausreichend zu nutzen. Die Reflexion der supervisorischen Interventionen trägt auf einer Metaebene zum tieferen Verständnis der konflikthaften Team- und Institutionsdynamik und der Thematik des Falls bei. Selbstkonfrontationsinterviews transponieren die Supervisionsprozesse in die Interaktion der Forscherin/des Forschers mit den Untersuchungspartnern. Es findet eine Supervision der Supervision statt, der untersuchte Gegenstand und die Forschungsmethode werden eins.

Die Methodik hat trotz ihres Risikos einige Interviewpartner derart überzeugt, daß sie inzwischen solche Interviews in ihren Lehrsupervisionen einsetzen. Selbstkonfrontationsinterviews sind zudem ein geeignetes Instrument der Selbstevaluation auch über Ausbildungskontexte hinaus. Im Rahmen des Forschungskonzepts der Deutschen Gesellschaft für Supervision werden seit 1999 Workshops angeboten, die die Selbstreflexion der Supervisoren mit Hilfe der Selbstkonfrontationsmethode zum Inhalt haben.

Ergänzende Untersuchungen sind zur Zeit in Arbeit. Neben der Innenschau der Supervisoren werden in einigen Diplomarbeitsprojekten an der TU Berlin Selbstkonfrontationsinterviews auch mit den Teilnehmern an Supervisionsprozessen durchgeführt. Es ist zu erwarten, daß die spezifische Wirkweise einzelner Interventionstechniken – und damit auch deren Güte – durch die Untersuchungen genauer bestimmt werden kann.

Literatur

Antonovsky, A. (1979): Health, stress and coping. San Fransisco.

Bauriedl, T. (1998): Abstinenz in der Supervision. Freie Assoziation 1: 134–160.

Bönninger, C. (1995): Supervision für Pflegekräfte: Psychohygiene oder mehr? (1. Teil) Pflege 8: 37–42.

Breuer, F. (1991): Analyse beraterisch-therapeutischer Tätigkeit. Münster.

Fengler, J. (1996): Helfen macht müde. Zur Analyse und Bewältigung von Burnout und beruflicher Deformation. München: Pfeiffer, 4. Aufl.

Fengler, J. (1998): Supervision aus gruppendynamischer Sicht. In: Hennch, C.; Werner, A.; Bergmann, G. (Hg.), Formen der Supervision. Supervisionskonzepte und Praxis im Klinikkontext. Frankfurt a. M., S. 42–57.

Ferner, H. (1998): Supervision in Institutionen. In: Hennch, C.; Werner, A.; Bergmann, G. (Hg.), Formen der Supervision. Supervisionskonzepte und Praxis im Klinikkontext. Frankfurt a. M., S. 84–98.

Freud, S. (1895): Studien über Hysterie. GW Bd. I, S. 75–312.

Freud, S. (1915): Bemerkungen über die Übertragungsliebe. GW Bd. X, S. 306–321.

Fürstenau, P. (1992): Entwicklungsförderung durch Therapie – Grundlagen psychoanalytisch-systemischer Psychotherapie. München.

Fürstenau, P. (1998): Psychoanalytisch-systemische Teamsupervision im psychiatrisch-psychosomatischen Bereich zwecks Förderung der Teamentwicklung. In: Hennch, C.; Werner, A.; Bergmann, G. (Hg.), Formen der Supervision. Supervisionskonzepte und Praxis im Klinikkontext. Frankfurt a. M., S. 71–82.

Gaertner, A. (1992): Supervision in der Fortbildung – eine Fallstudie. In: Clemenz, M.; Beier, C.; Buchen, S.; Deserno, H.; Gaertner, A. (Hg.), Psychoanalyse in der Weiterbildung. Opladen, S. 169–190.

Gaertner, A. (1998): Professionalismus und Dequalifizierung der Supervision. Forum Supervision 6: 86–114.

Graf-Derserno, S.; Deserno, H. (1998): Entwicklungschancen in der Institution – Psychoanalytische Teamsupervision. Frankfurt a. M.

Lewin, K. (1963): Feldtheorie in den Sozialwissenschaften. Bern.

Mead, G. H. (1973): Geist, Identität und Gesellschaft. Frankfurt a. M.

Märtens, M.; Möller, H. (1998): Supervisionsforschung ohne Zukunft?

Supervision als homöopathische Inszenierung. Organisationsentwicklung, Supervision, Clinical Management 5: 205–221.

Mentzos, S. (1990): Interpersonale und institutionelle Abwehr. Frankfurt a. M.

Möller, H.; Märtens, M. (1999): Evaluation von Supervision wohin? In: Pühl,, H. (Hg.), Supervision und Organisationsentwicklung. Opladen, S. 104–122.

Möller, H. (1998): Schamerleben in Supervisionsgruppen. Gruppendynamik 28: 403–419.

Möller, H. (2001): Was ist gute Supervision? Stuttgart.

Oberhoff, B. (1998): Übertragungsanalyse in der Supervision. Freie Assoziation 1: 58–80.

Petzold, H.; Rodriguez-Petzold, F.; Sieper, J. (1997a): Supervisorische Kultur und Transversalität – Grundkonzepte Integrativer Supervision Teil I. Integrative Therapie 23: 7–59.

Petzold, H.; Rodriguez-Petzold, F.; Sieper, J. (1997b): Supervisorische Kultur und Transversalität – Grundkonzepte Integrativer Supervision Teil II. Integrative Therapie 23: 472–511.

Petzold, H. (1998): Integrative Supervision, Meta-Consulting & Organisationsentwicklung. Modelle und Methoden reflexiver Praxis. Paderborn.

Schneider, K.; Müller, A. (1995): Evaluation von Supervision. Supervision 27: 86–98.

Schreyögg, A. (1991): Supervision – ein integratives Modell. Paderborn.

Schreyögg, A. (1992): Integrative Gestaltsupervision: Ein methodenplurales Modell. In: Pühl, H. (Hg.), Handbuch der Supervision I. Berlin, S. 340–356.

Ullmann, H. (1991): Alternative Methoden der Hypnotherapie. Versuch einer Antithese zur »klassischen« Therapie mit Hypnose. Ärztliche Praxis und Psychotherapie 13: 15–20.

Werner, A.; Hennch, C. (1998): Evaluation von Stationsteam-Supervision in der Inneren Medizin. In: Hennch, C.; Werner, A.; Bergmann, G. (Hg.), Formen der Supervision. Supervisionskonzepte und Praxis im Klinikkontext. Frankfurt a. M., S. 125–139.

Schwerpunkt Organisationsentwicklung

■ Thomas Giernalczyk und Ross A. Lazar

Das System, der Berater und die Rolle

Systemisch-psychoanalytisches Handwerkszeug für Supervisoren und Berater

Einführung

Dieser Beitrag geht auf ein Seminar zurück, das wir mehrmals im Rahmen des Curriculums »Psychoanalytische Teamsupervision und Organisationsberatung« der psychoanalytischen Institute in München gehalten haben. Es geht darum, wie wir die Rolle eines psychoanalytischen Supervisors oder Beraters definieren. Die Auseinandersetzung mit der eigenen Rolle ist nach unserer Erfahrung von zentraler Bedeutung für den Umgang mit Aufträgen und für unser Handeln. Kurz gesagt hilft ein klares Rollenverständnis dem Berater zu entscheiden, was er tun kann, was er tun sollte und welche Anliegen er besser ablehnt, um handlungsfähig zu bleiben, seinen Klienten zu nützen und sich selbst nicht zu schaden. Nun ist es aber so, daß der Begriff *Rolle* nur in Relation zu einem systemischen Verständnis von Institutionen umfassend verstanden werden kann. Aus diesem Grund beginnen wir damit, einige Aspekte von offenen Systemen darzustellen. In diesem Zusammenhang kommen wir auf das Konzept der *primären Aufgabe* zu sprechen, stellen unser Rollenverständnis des psychoanalytisch-systemischen Beraters vor und weisen auf die Methode der *Rollenanalyse* hin, die bei Beratungen ein hilfreiches Instrument ist. Im gleichen Maß, wie der Supervisor oder Berater von seiner Rollenklarheit profitiert, ziehen Mitarbeiter von Institutionen Nutzen daraus, ihr eigenes Handeln durch die Analyse ihrer Rolle zu reflektieren.

Die Institution als offenes System

Institutionen können, unabhängig davon, ob es sich um Krankenhäuser, Beratungsstellen, Firmen oder Verwaltungen handelt, als offene Systeme beschrieben werden (Seiler 1991). Offene Systeme haben definierte Grenzen zwischen sich und der Umwelt. Diese Grenzen beziehen sich auf sehr unterschiedliche Dimensionen. Die wichtigsten sind *Zeit*, *Ort*, *Aufgaben* und *Werte*. Mit Hilfe dieser Grenzen kann beschrieben werden, was zur Institution gehört und was Teil der Umwelt ist. Auch die Umwelt hat Grenzen zum System. Man kann sagen, jede Grenze hat zwei Seiten, die der Umwelt und die des Systems. Wenn ein System keine Grenzen hätte, würde es mit der Umwelt verschmelzen und würde nicht als eigenes System existieren. Damit sind Grenzen unverzichtbare Elemente eines Systems.

Das impliziert, daß Grenzen einerseits ein System von der Umwelt trennen, andererseits aber auch durchlässig sein müssen, damit Umwelt und System in einem Austausch stehen können. In Firmen werden bestimmte Produkte (Rohstoffe) hineingebracht, dort bearbeitet und als neue Produkte gelangen sie wieder in die Umwelt. In einer Großbäckerei werden Wasser, Mehl, Salz und Gewürze eingekauft, durch festgelegte Prozeduren zu Gebäck verarbeitet und in dieser Form wieder an die Umwelt abgegeben. Das System erhält von der Umwelt einen Input, der teils der Aufrechterhaltung des Systems dient, im System transformiert und als Output wieder an die Umwelt zurückgegeben wird.

Institutionelle Systeme sind natürlich nicht ohne Binnenstruktur zu denken. In der Regel bestehen Systeme aus unterschiedlichen Subsystemen, die ihrerseits wieder Grenzen untereinander haben und gleichzeitig im Austausch miteinander stehen. Die Großbäckerei hat als Subsysteme in der Regel mindestens Abteilungen für den Einkauf, die Verwaltung, die Produktion und den Verkauf. So wie die Grenzen zwischen System und Umwelt, können auch die zwischen den verschiedenen Subsystemen einer Institution untersucht werden, und es kann überprüft werden, welche Aufgaben die Subsysteme erfüllen, welche

Informationen sie weitergeben und welche Aufgaben sie nicht erfüllen sollten. Dazu ein Beispiel aus einer psychosozialen Beratungsstelle.

Die Beratungsstelle hat (unter anderen) die Subsysteme Beratung, Verwaltung, Geschäftsführung. Jedes Subsystem ist mit anderen Berufsgruppen und Personen besetzt. In dieser Beratungsstelle kam es wiederholt zu Schwierigkeiten, weil Mitarbeiter aus der Verwaltung Beratungen mit Klienten durchführten und andererseits die Berater statistische Auswertungen der Verwaltung ohne Rücksprache korrigierten. In der systemischen Sprache könnte man sagen, daß das Subsystem Verwaltung Funktionen übernommen hat, die eindeutig nicht in ihr Aufgabengebiet fallen und daß die Berater das gleiche taten. Außerdem bestand kein hinreichender Austausch darüber, welche Aufgaben die Subsysteme jeweils zu bearbeiten hätten. Einerseits waren die Grenzen in bezug auf die Tätigkeiten zu durchlässig, andererseits waren sie hinsichtlich des Informationsflusses zu undurchlässig.

Die primäre Aufgabe

An dieser Stelle verlassen wir die rein systemische Sichtweise und wählen eine besondere Perspektive auf Systeme. Wir orientieren uns am Tavistock Modell, das eine Denktradition darstellt, die prägend für die psychoanalytisch-systemische Auseinandersetzung mit Organisationen geworden ist und den Namen des Tavistock Institute of Human Relations und der Tavistock Clinic in London trägt (Lohmer 2000). Systeme haben in diesem Sinne eine *primäre Aufgabe* (Lawrence 1974; Miller 1979), die sich aus dem Verhältnis von Input und Output ableitet. Die primäre Aufgabe bestimmt, welcher Input aus der Umwelt aufgenommen wird und welcher Output an die Umwelt zurückgegeben wird. Durch die primäre Aufgabe lassen sich Prozeduren und Praktiken des Systems beschreiben und bewerten. Mit ihrer Hilfe kann überprüft werden, ob bestimmte Vorgehensweisen im Sinne der primären Aufgabe funktional oder dysfunktional sind.

Das Konzept der primären Aufgabe verbindet die hauptsächlichen Ziele mit den hauptsächlichen Praktiken eines Systems. Das heißt auch, daß die primäre Aufgabe nicht mit den offiziell proklamierten Zielen identisch sein muß. Vielmehr ist es möglich, daß offizielle Ziele im Widerspruch zur primären Aufgabe stehen, was deutlich wird, wenn untersucht wird, was das System tatsächlich tut und welchen Output es produziert.

Die primäre Aufgabe psychosozialer Systeme läßt sich ableiten, wenn gefragt wird, in welchen Situationen Menschen die Einrichtung in Anspruch nehmen, wie die Probleme und Anliegen der Personen bearbeitet werden und in welchem Zustand oder mit welchem Befinden diese die Institution wieder verlassen. Die primäre Aufgabe einer Institution unterliegt auch – in Abhängigkeit von Umweltveränderungen – einem Wandel. Eine Einrichtung zur Suizidprävention, die Ende der sechziger Jahre gegründet wurde, hatte zu Beginn die primäre Aufgabe, Menschen nach Suizidversuchen zu versorgen, nachdem sie in einer psychiatrischen Klinik waren, oder sie zu behandeln, wenn nach einem Suizidversuch keine andere medizinische oder therapeutische Intervention erfolgte. Menschen begaben sich also nach einem Suizidversuch in die Institution und sollten dort darin unterstützt werden, sich von ihrer Suizidalität zu distanzieren und andere Strategien der Problemlösung zu entwickeln, um hinterher selbständig weiterleben zu können.

In den neunziger Jahren hatte sich die primäre Aufgabe der Institution gewandelt, denn inzwischen befand sie sich in Konkurrenz mit zahlreichen klinischen und psychosozialen Einrichtungen um die Versorgung suizidaler Menschen. Hinzu kam, daß längst nicht mehr so viele Menschen nach einem Suizidversuch einer stationären psychiatrischen Behandlung zugeführt wurden. Die primäre Aufgabe verschob sich dahingehend, daß zum großen Teil Menschen in suizidalen Krisen (ohne direkte Suizidhandlung, also vor einem Suizidversuch) die Institution aufsuchten und diese nach einer Intervention zu einem erheblichen Teil in längerfristige psychotherapeutische Behandlung vermittelt wurden. Das offizielle Ziel der Einrichtung, nämlich Suizidprävention zu betreiben, blieb gleich. Da sich aber die Problemlagen der Menschen und die Umwelt verändert hatten, haben sich die Praktiken und der Output verändert, wodurch die primäre Aufgabe der Institution sich insgesamt wandelte.

Die primäre Aufgabe zu definieren, ermöglicht also eine Analyse der Ziele und Praktiken einer Institution und hat damit auch einen Bezug zu den Tätigkeiten der einzelnen Mitglieder der Organisation, für deren Tätigkeiten der Begriff Rolle von großer Bedeutung ist.

Rolle und Organisation

Allgemein kann man sagen, daß die Rolle einer Person beschreibt, in welcher Weise sie in eine Organisation oder in ein System eingebunden ist. Die Rolle legt fest, welche Aufgaben sie in der Organisation erhält und welche nicht. Rollen beschreiben legitimierte Möglichkeiten des Verhaltens. Damit ist die Rolle ein Bindeglied zwischen Person und Institution (Seiler 1991).

Jede Institution vergibt in Abhängigkeit von ihrer primären Aufgabe verschiedene Rollen an die ihr zugehörigen Personen. Diese bearbeiten bestimmte (Teil-)Aufgaben, die letztlich der Erfüllung der Primäraufgabe dienen sollen. Damit eine Person sich in einer Rolle verwirklichen kann, braucht sie ein gewisses Verständnis von der Organisation als offenem komplexen System und eine möglichst klare Auffassung von der primären Aufgabe der Institution. Sie hat damit einen Überblick über ihre Verpflichtungen (Dinge, die sie tun *muß*) und einen Einblick in ihre Handlungsspielräume (was sie tun darf und wie sie Spielräume persönlich füllen kann). In gleicher Weise sollte durch die Definitionen der primären Aufgaben und der Rollen klar sein, was der einzelne und seine Institution nicht tut, nicht tun soll und nicht tun kann.

Diese Klarheit über Pflichten und Freiheiten innerhalb der zugewiesenen Rolle ermöglicht der/dem Betroffenen sich selbst im Rahmen der Rollenvorschriften zu managen, das heißt die Arbeit persönlich und im Sinne der Institution zu gestalten. Auf diese Weise dient sie/er nicht nur der primären Aufgabe der Institution, sondern verschafft sich einen maximalen Einfluß (im Rahmen der Rolle) auf das System. Sie/er muß nicht passiv hinnehmen, von anderen gemanagt zu werden. Aus systemischer Perspektive sind Rollen in einer Organisation *definierte Subsysteme* innerhalb des Systems.

Im Rahmen der Systemtheorie werden Organisationen als *autopoietische* (selbststeuernde) *Systeme* verstanden. Sie unterliegen zwar den definierten Einflüssen ihrer Umwelt, es hängt aber von ihren Subsystemen und deren Reaktionsweisen ab, wie sie diese verarbeitet und welchen Output sie wieder an die Umwelt zurückgibt. Das heißt, daß Mitglieder einer Organisation dann den größten Einfluß auf ihre Organisation ausüben können, wenn sie in der Lage sind, einerseits die Grenzen ihrer Rollen zu erkennen und anderseits innerhalb ihrer Rolle ihre Arbeit so zu gestalten, wie sie es persönlich für richtig und effizient halten. Wichtige Werkzeuge dieser Gestaltung liegen nach unserer Erfahrung darin, eine Organisation als offenes und komplexes System zu begreifen, die primäre Aufgabe der Institution zu kennen und daraus das Verhalten in der eigenen Rolle ableiten und mit anderen Mitgliedern auszuhandeln.

Der Supervisor und das System

Der Supervisor nimmt eine einmalige Position zum System einer Institution ein: immer an der Grenze, nie mitten drin. Er muß nahe genug am Geschehen sein, um alle Nuancen, alle Schwingungen der Beziehungen mitzubekommen, ohne sich darin zu verlieren. Vor allem auf der emotionalen, aber auch auf der politischen Ebene muß er/sie versuchen, möglichst alles mitzubekommen, ohne übermäßig involviert zu werden, ohne seine/ihre Neutralität zu verlieren, ohne selbst ein Teil des Systems zu werden oder mit dem einem oder anderen Teil besonders identifiziert zu sein. Im Konzept des Tavistock Ansatzes ist diese Rolle in erster Linie die eines *teilnehmenden Beobachters*, eines *Aktionsforschers* (action researcher). Auf keinen Fall darf ein Supervisor einer der »Spieler« werden, denn dann droht ihm das Schicksal ein Spielball des Systems zu werden!

Die Rolle des Supervisors

Schön wäre es, wir könnten eine einfache Rollen- und Aufgabenbeschreibung oder Definition eines psychodynamisch oder psychoanalytisch orientierten Supervisors anbieten, aber dazu müßte die Realität so sehr vereinfacht werden, daß von der Komplexität der Rollenkonflikte, wie sie real existieren, wenig übrigbliebe. In der Tat handelt es sich um eine Vielfalt von Rollen oder um einen Rollenkomplex und um mehrere sich abwechselnde, sich ergänzende, manchmal sich widersprechende Verhaltensweisen und Aufgaben. Dennoch wollen wir versuchen, diese beiden Komplexe in ihren Umrissen zumindest zu beschreiben, ohne eine anything goes-Mentalität zu propagieren.

Für Ernst Federn (Federn 1994) ist der Supervisor in erster Linie »Praxisberater«, aber teilweise auch »Aufsicht und Kontrolle«, Lehrer, Meister, Berater, Autoritätsfigur und manchmal auch Administrator und/oder Vorgesetzter. Diese Definition ist uns zu umfassend. Wir beschränken uns auf das, was Federn mit »Praxisberater« meint – eine (relativ) unabhängige, »objektive« Expertenmeinung *ohne direkte Verantwortung* für die Ergebnisse.

Vielmehr besteht nach unserer Auffassung die Verantwortung des Supervisors hauptsächlich darin, für jene Bedingungen zu sorgen, die zum »Container-Contained«-Prozeß beitragen (s. u.), also in erster Linie dafür zu sorgen, daß nachgedacht, verstanden und überlegt gehandelt werden kann und Verwirrung und unbedachtes Agieren zu vermeiden. Wir sehen die Rolle des Supervisors eher in der ursprünglichen Bedeutung des Wortes »Therapeut«, im Sinne von »Freund im Kampf«, also jemand, der begleitet, assistiert, zur Seite steht, jemand, der unterstützt, wo nötig auch kritisiert – der aber den Kampf selbst nicht mitkämpft.

Ein pädagogischer Aspekt gehört unseres Erachtens auch zur Rolle des Supervisors, solange diese als Lehren, nicht als Belehren verstanden wird, solange alle am selben Lernprojekt arbeiten, wenn auch in verschiedenen Rollen.

Bions Container-Contained-Modell

Die einfachste Definition des Bionschen Begriffs *Container-Contained* lautet »one thing inside the other« (Bion 1990). Sprachlich stellt der Begriff eine Neuschöpfung dar, die schwer zu übersetzen ist. Sie bezeichnet einen allgemeinen Vorgang, indem ein »Objekt« (der Container) ein »Etwas« (das Contained) in sich aufnimmt, wodurch beide sich verändern und etwas Drittes entsteht.

Bion leitet diesen Begriff aus der Natur her, als ein Muster, das überall in der Biologie zu finden ist, und das er im erweiterten Sinn auf die psychologische Ebene anwendet.

Durch die Funktion »Container-Contained« werden unverstandene, unbewußte, unverdaute Erfahrungen (die Bion »Beta-Elemente«, »Sinneseindrücke pur« oder nach Kant »Dinge-an-sich« nennt) zu verstehbaren, fühlbaren, mentalen Inhalten oder »Traumgedanken« (er nennt sie auch »Alpha-Elemente«) transformiert oder »metabolisiert«.

Bion nahm die beiden Muster körperlich-interpenetrierender Beziehungsaufnahme »Brustwarze-in-Mund« und »Penis-in-Scheide« (die er als isomorph betrachtet) als psycho-biologisches Vorbild für das Modell »Container-Contained« (s. auch Lazar 1988). Bion verwendet für diese in der Anatomie der Geschlechter verankerte Quelle seiner Modellvorstellung das Weiblichkeitssymbol für den »Container« und das Männlichkeitssymbol für »das Contained«. »Letztendlich«, schreibt Hinshelwood (1993, S. 356), »benutzte Bion die Idee der sexuellen Vereinigung des Penis mit der Scheide als das Grundmodell *jeglicher Form* von *Zusammenfügen und Verbinden.*«

Damit »Container-Contained«-Prozesse zustandekommen, müssen bestimmte Voraussetzungen erfüllt sein: Erstens muß die Psyche des »Containers« durch die sogenannte negative Kapazität für die Aufnahme von »Beta-Elementen« oder für Projektionen und projektive Identifikationen zur Verfügung stehen. Zweitens muß sie für eine introjektive Identifizierung mit dem zu »Containenden« ebenso offen sein. Und drittens muß dasjenige Objekt, das die »Containerfunktion« auszuüben hat, in der Lage sein, durch das, was Bion »Reverie« nennt (darüber »träumen können«), die Alpha-Funktion und die Transformierung von Beta-Elementen in Alpha-Elemente zu leisten bereit sein.

Die Rolle und Aufgabe des Supervisors im Container/Contained Modell

Die Kernfrage lautet: Was heißt das für den Supervisor bei der Arbeit vor Ort? Demnach besteht seine primäre Aufgabe darin, einen Container-Contained-Prozeß zu ermöglichen, diesen voranzutreiben und ihn zu schützen, damit Chaos in verstehbare Muster überführt wird, Unverstandenes verstanden, Unbewußtes bewußt und Undenkbares in Denkbares transformiert werden kann. Um dieses zu leisten, muß er:

- ein Setting schaffen, das allen Beteiligten ausreichend Sicherheit gibt;
- seine »negative Kapazität« (sprich seine Aufnahmefähigkeit) zur Verfügung stellen;
- sich für sämtliche projektiv-identifikatorischen und introjektiv-identifikatorischen Prozesse offen- und bereithalten;
- in einem Zustand der »Reverie« seine »Alpha-Funktion« walten lassen, das heißt nachdenken, nachspüren und zu verstehen versuchen, *ohne* voreingenommen zu sein; *ohne* zu voreiligen Schlüssen zu kommen; *ohne* aus Angst und Unsicherheit nach »Tatsachen und Räson zu greifen« (frei nach John Keats).

Er muß sich erlauben, naive Fragen zu stellen, muß versuchen Mißverständnisse anzusprechen und diese möglichst zu klären und muß außerdem den Mut aufbringen, Konflikte offen und direkt anzusprechen, ohne parteiisch zu werden und ohne der Versuchung nachzugeben, mit den Abwehrmechanismen und -strategien des Klientensystems mitzuagieren. Er muß blinde Flecken aufzeigen können, Idealisierungen und Überidentifikationen erkennen und abbauen helfen, Abgespaltenes zu integrieren versuchen und Verständnis und Mitgefühl ermöglichen. Und das alles muß er leisten, ohne übermäßig in das System einzugreifen, ohne Rollen und Aufgaben (des Managements vor allem) zu übernehmen, also ohne eine Abhängigkeitskultur zu schaffen. Alles was er als Supervisor macht, muß er außerdem mit absoluter Authentizität und Ehrlichkeit transparent und hinterfragbar machen. Eine unerreichbare Idealvorstellung? Vielleicht – aber eine Zielvorstellung, die es lohnt anzustreben.

Die wesentlichen Elemente eines psychoanalytisch-systemischen Verständnisses von Teamsupervision und Organisationsberatung

- An erster Stelle steht die tiefenpsychologische Position, die Annahme eines *psychodynamischen Unbewußten*, das unser Leben maßgeblich beeinflußt;
- zweitens eine *mental-emotionale Haltung*, die die detaillierte Beobachtung und empathische Beteiligung am jeweiligen Geschehen ermöglicht, ohne sich darin zu involvieren oder zu verlieren. Freuds »freischwebende Aufmerksamkeit«, Bions »Reverie« und John Keats' »negative Kapazität« sind Versuche diese psychisch-emotionale Haltung zu charakterisieren;
- drittens die *geschulte und geübte Wahrnehmung und der Gebrauch von dynamischen Übertragungs- und Gegenübertragungsphänomen*; der Supervisor beobachtet nicht nur die anderen Beteiligten, sondern benutzt seine eigenen Gedanken und Gefühle als wichtige Informationsquelle der Beratungssituation;
- viertens die *Anwendung von psychoanalytischen Modellvor-*

stellungen über unbewußte Phantasien, innere und äußere Objektkonstellationen und Verhaltensweisen, die Beschreibungsmuster ergeben und die Analyse der Situation ermöglichen; daraus folgt, daß der Supervisor in einer unübersichtlichen Situation eine Hypothese formuliert, daß die Gruppe sich unbewußt von einer Idee, einem Konflikt oder einer Angst leiten läßt. Gelingt es ihm, diese zu erkennen und der Gruppe zur Verfügung zu stellen, haben die Gruppenmitglieder die Chance, sich realitätsorientierter zu verhalten;

– fünftens ein *systemisches Verständnis* der ablaufenden Prozesse in Gruppen, Teams, Organisationen und Institutionen sowohl auf bewußter wie unbewußter Ebene, das den psychoanalytischen Blick für die einzelnen Personen und deren unbewußte Prozesse um den Blick für das Überpersönliche ergänzt. Daraus folgt, daß etwa problematische Verhaltensweisen einzelner Personen nicht ausschließlich als Ausdruck ihrer Persönlichkeit verstanden werden, sondern als ein Bestandteil des Systems;

– sechstens die Beherrschung von *Moderations- und Interventionstechniken* zur Gestaltung und zum Management der in der Supervision oder Beratung ablaufenden Prozesse dahingehend, daß die Gruppe, das Team, Subsystem oder die Organisation sich möglichst als eine funktionierende Arbeitsgruppe konstelliert (Lazar 1994).

Rollenanalyse als Beratungsinstrument

Die Rollenanalyse knüpft an unsere Überlegungen zur Rolle und Organisation an und ist eine Sammlung von Fragen, die im Rahmen von Beratungsprozessen gestellt werden können oder zum Erlernen des Instruments auf eigene Arbeitszusammenhänge angewendet werden kann. In unserem Seminar lassen wir Kleingruppen zu den folgenden Fragen und Anweisungen arbeiten:

(1) Wie definieren Sie die primäre Aufgabe ihrer Institution?
(2) Welche Rolle haben Sie in dieser Institution?

(3) Beschreiben Sie eine Arbeitssituation, in der zwischen Ihrer Person, der Rolle und der Organisation kritische oder konflikthafte Spannungen aufgetreten sind.

(4) Wie sind Sie damit umgegangen (wie haben Sie sich in der Rolle gemanagt)? Würden Sie sich heute nach der Reflexion anders verhalten und, wenn ja, warum?

Nach unserer Erfahrung bietet die Auseinandersetzung mit diesen Aspekten ein sehr effizientes Vorgehen, um die komplexe Wirklichkeit von Arbeit in Institutionen so deutlich zu beschreiben, daß daraus klare Konsequenzen für das konkrete Handeln in kritischen Situationen gezogen werden können. So wird der Spielraum der Mitarbeiter vergrößert und dient gleichzeitig den zentralen Zielen der Institution.

Literatur

Bion, W. R. (1990): Lernen durch Erfahrung. Frankfurt a. M.

Federn, E. (1994): Supervision in der psychoanalytischen Sozialarbeit. In: Verein für psychoanalytische Sozialarbeit (Hg.), Supervision in der psychoanalytischen Sozialarbeit. Tübingen, S. 12–32.

Hinshelwood, R. D. (1993): Wörterbuch der kleinianischen Psychoanalyse. Stuttgart.

Lawrence, W. G. (1979): A Concept for Today: the Management of Onself in Role. In: Exploring Individual and Organizational Boundaries: A Tavistock Open Systems Approach. Chichester.

Lazar, R. A. (1990): Supervision ist unmöglich! – Wilfred R. Bions Modell »Container-Contained«: Seine Relevanz und Anwendung in der Supervision von Einzelnen und Gruppen. In: Pühl, H. (Hg), Handbuch der Supervision: Beratung und Reflexion in Ausbildung, Beruf und Organisation. Berlin, S. 371–394.

Lazar, R. A. (1993): Bions »Container-Contained« Modell als Beispiel einer ›helfenden‹ Beziehung in der Praxis der Psychoanalyse. In: Ermann, M. (Hg.), Die hilfreiche Beziehung in der Psychoanalyse. Göttingen, S. 68–91.

Lazar, R. A.(1994): Einige Hauptaspekte von W.R. Bions Modell der Gruppe und ihre Anwendung in der Supervision und Beratung sozialer Institutionen. In: Verein für psychoanalytische Sozialarbeit (Hg.), Supervision in der psychoanalytischen Sozialarbeit. Tübingen, S. 86–120.

Lazar, R. A. (1998): Das Individuum, das Unbewußte und die Organisation: Ein Bion-Tavistock Modell von Beratung und Supervision in Organisationen. In: Eckes-Lapp, R.; Körner, J. (Hg.), Psychoanalyse im sozialen Feld. Gießen, S. 263–291.

Lohmer, M. (2000): Einführung. In: Lohmer, M. (Hg.), Psychodynamische Organisationsberatung – Konflikte und Potentiale in Veränderungsprozessen. Stuttgart, S. 7–15

Miller, E. J. (1974): Introductory Essay. In: Miller, E. J. (Hg.), Task and Organisation. Tavistock Institute of Human Relations. London, S. 1–16.

Seiler, D. (1991): Person – Rolle – Institution. Wege zum Menschen 43: 199–215.

Verein für psychoanalytische Sozialarbeit (Hg.) (1994): Supervision in der psychoanalytischen Sozialarbeit. Tübingen.

■ Isabella Deuerlein

Von der Organisationsberatung zur Organisationsentwicklung

Die Rolle des Beraters

Der Organisationsberater definiert seine Aufgaben und damit auch seine berufliche Rolle entsprechend seiner theoretischen Grundorientierung. Edgar Schein, ein Pionier der Organisationsentwicklung, definiert die Beraterrolle dann als erfolgreich, wenn es dem Berater gelingt, die Ressourcen einer Organisation zu mobilisieren und das Organisationssystem zu Eigenaktivität zu motivieren. Im folgenden werden drei zentrale Aufgaben des Beraters aus der Sicht Scheins dargestellt:

1. Der Berater stellt eine Beziehung zu dem Klienten her, die der Klient als hilfreich erlebt.
2. Der Berater unterstützt den Klienten, kritische Ereignisse in seiner Organisation zu erkennen.
3. Der Berater befähigt den Klienten, kritische Ereignisse zu »diagnostizieren« und adäquat einzugreifen, um seine eigene Organisation effektiver, d. h. arbeitsfähiger zu gestalten (Schein 1988, S. 20).

Dieses Vorgehen beinhaltet nicht nur die Motivation zur Selbsthilfe (Selbstentwicklung), sondern auch, daß der Berater sich überflüssig macht. Erfolgreiche Beratung heißt damit, Fähigkeiten und Kenntnisse zur Verfügung zu stellen, so daß die Organisation sich weiterentwickeln kann. Dieser Ansatz impliziert die Annahme, daß jedes System über Ressourcen verfügt, um sich in positiver Form zu verändern.

Trebesch (1998) stellt diese Annahme in Frage, indem er kritisiert, daß »OE nicht darin bestehen kann, ein Setting zu schaffen, in dem sich alles von selbst verändert«. Damit teilt Trebesch die humanistische Grundorientierung von Schein nicht. Er geht davon aus, daß der Berater über Qualifikationen verfügt, die dem System fremd sind, und damit in einem Beratungsprozeß gestaltend die Organisation verändert.

Diese beiden Standpunkte zeigen extreme Positionen auf. Es entsteht jedoch die Frage, inwieweit die Mobilisierung von Ressourcen immer eine Entwicklung in Form von progressiver Veränderung zur Folge hat.

Die von Schein beschriebene Position wird in der Organisationsentwicklung (OE) als sogenanntes Harmoniepostulat beschrieben. Der psychodynamische Focus bezieht sich auf eine Gegenposition, indem Konflikte die Beratungsgrundlage bilden. Psychodynamische Beratung hat die Grundannahme, daß in der Organisation verborgene (abgewehrte) Konflikte wesentlich zu den sichtbaren Prozessen und den Problemen beitragen. Die Aufgabe des Beraters ist es daher, die verborgenen Konflikte, die sich oft in Rivalität, Machtansprüchen und Neid äußern, zu suchen und aufzuspüren.

Berater erhalten zu Beginn ihrer Arbeit einen offiziellen Auftrag. Meist orientiert sich dieser an Symptomen in der Organisation, wie zum Beispiel in Form von häufiger Krankheit, Ineffektivität einer Abteilung oder einzelner Mitarbeiter oder Kommunikationsproblemen. Oft entspricht der vermeintliche Beratungsauftrag nicht dem wirklichen Auftrag. Der sogenannte verborgene Auftrag (hidden agenda) muß von dem Berater erst aufgespürt werden, um den Beratungsauftrag zu verstehen. Ohne das Aufspüren der hidden agenda läuft die Organisation Gefahr, zunehmend weniger arbeitsfähig zu sein und eine große Zahl technizistischer tools (Werkzeuge) und skills (Fähigkeiten) zu erwerben, um mit den »dahinterliegenden« Konflikten umgehen zu können.

Die Aufgabe des Beraters ist es also, diese schmerzliche und verleugnete Seite zum Beratungsinhalt zu machen, so daß die Organisation wieder arbeitsfähig wird.

Das Beratersystem als Spiegel der Organisation

In der Beratungspraxis, insbesondere in einer psychodynamisch orientierten Beratung, arbeiten häufig mehrere Berater in Kooperation in einem Projekt. Vorteil dieser gemeinsamen Tätigkeit ist, daß sich Prozesse, die in der Organisation ablaufen, im Beratungsteam »spiegeln«, das heißt, daß Anteile der Organisation innerhalb des Beratersystems sichtbar und virulent werden.

Eine Organisationsberaterin erhielt einen Auftrag, eine OE-Maßnahme bei der internen Personalabteilung einer bundesweit operierenden Organisation durchzuführen. Die zu beratende Personalentwicklungsabteilung arbeitete in der Anfangsphase vor 20 Jahren firmenintern, hat jedoch zum Zeitpunkt der Beratung ausschließlich externe Beratungsdienste mit einer sehr bunt gefächerten Produktpalette angeboten. Die Beraterin beschloß, einen Auftrag nur in Zusammenarbeit mit einem beruflich gut vertrauten Kollegen anzunehmen.

Beim ersten telefonischen Kontakt beschrieb ein Mitarbeiter die Situation so, daß die »Kommunikation nicht so stimme« und »einige Leute alte Geschichten zu klären hätten«.

In dem Gespräch mit dem Abteilungsleiter und seinem Stellvertreter bot sich ein stark widersprüchliches Bild. Sie beschrieben, die Aufgabe der Beratung sei, die gegenwärtige Situation der Abteilung zu definieren, damit die Arbeitsfelder wie die Projektbereiche klar benannt werden können. Die beiden Verantwortlichen ließen auch durchblicken, daß sie es leid seien, immer wieder Krisenmanagement betreiben zu müssen.

Bereits bei der Planung der ersten Maßnahme, einem dreitägigen Workshop, hatte das Beraterpaar deutliche Schwierigkeiten, bei den unterschiedlichen Foci ein gemeinsames Produkt zu entwickeln. Bei der Präsentation des Workshop vor Ort wurde klar, daß es für die meisten Mitarbeiter nicht um der Optimierung von Arbeitsabläufen ging, sondern daß schwelende Konflikte das eigentliche Thema in der Organisation waren. Das gut eingespielte Beraterteam entwickelte sich zunehmend zum Spiegel der Organisation. Die Beraterin war beeindruckt von dem Ausmaß an narzißtischer Kränkung, das einzelne Mitarbeiter durch die Führung erduldeten. Gleichzeitig bestand ein sehr hoher Arbeitseinsatz mit einem geringen Gehalt und vielen Überstunden. Die Gratifikation über die externen Kunden und die vielen

Dienstreisen boten eine Chance, mit den Konflikten zu leben, indem der Kontakt mit Kollegen vermieden wurde. Einige Mitarbeiter der Abteilung sahen sich oft monatelang nicht.

Der männliche Berater sah in dem Wunsch nach Konfliktklärung ebenso wie ein Teil der Mitarbeiter, aber insbesondere Vertreter der Führung, den Versuch, die Arbeit behindern zu wollen und die wesentliche Arbeitsaufgabe zu vermeiden. Es bestanden gegenseitige Schuldzuweisungen, die sich in einem Schlagabtausch äußerten zwischen »ihr mit eueren Beziehungsspielchen« und »ihr Technokraten seht die menschlichen Bedürfnisse nicht«. Zwischen dem Beraterpaar entstanden massive Konflikte, in denen beide sich in ihrer beruflichen Kompetenz entwerteten und die Sichtweise des anderen auch als feindlich erlebten. Die Spaltung im externen Beraterteam spiegelte die Situation der Organisation.

Der männliche Berater übernahm den entwertenden Part und sah ebenso wie ein Teil der Führung und einige Mitarbeiter die Beziehungsklärung wie die Konfliktbearbeitung unter den einzelnen als Zeitvergeudung und Ablenkung von der »wirklichen Arbeit«. Dies ging so weit, daß Bürotage als lästig und überflüssig bezeichnet wurden; da ließen es sich die Mitarbeiter gutgehen und Beziehungspflege könne kein Arbeitsinhalt sein.

Im Verlauf des Seminars entstanden emotional sehr heftige Situationen, in denen Ärger und Enttäuschung wie auch der Wunsch nach Bestätigung deutlich wurden. In einer Abendsitzung wurde eine gemeinsame Trauer deutlich, die ursprünglichen Werte, aber auch Visionen für die Abteilung völlig verloren zu haben. Der Verlust der Werte und damit auch der Visionen wurde zum wesentlichen Baustein einer späteren Maßnahme, die die Neudefinition der Abteilung im Sinne einer primären Aufgabe zur Aufgabe hatte (s. Obholzer u. Zagier Roberts 1997; Giernalczyk u. Lazar in diesem Band).

Die angstabwehrende Seite wurde weiterhin verleugnet, blieb aber bei den Beratern virulent. In einer Supervisionssitzung der Berater, Schein beschreibt dies als shadow consultancy, kristallisierte sich die abgewehrte Angst in zwei Formen. Einer der Berater erlebte einen Teil der Organisation als schutzbedürftig, stets angstabwehrend und das Klima in der Gesamtorganisation als stark gespannt. Der andere Berater monierte die geringe Arbeitsorientierung in der Beratungssituation und meinte, es ginge darum, die Aufgaben zu präzisieren. Beide erlebten die Haltung des anderen als berufs- und existenzbedrohend, eine Kompromißbildung war nicht möglich. Diese Erkenntnis war zentral, sowohl für die Arbeitsweise der völlig isolierten Beratersituation wie auch das Ignorieren von Projekten und Arbeitsinhalten anderer Kollegen. Der Mangel an Akzeptanz war, wie in vielen Organisationen, bei der Führung moniert, aber auch unter den Mitarbeitern ein Teil des Organisationsklimas. Die Rivalität untereinander wurde über die Bedeutung der Kunden wie einer nicht thematisierten Wissenschaftlichkeit der eigenen Arbeitsweise ausgetragen. Die Beratung führte zum offenen Konflikt in der Organisation.

Der Erfolg der Beratung bestand darin, daß die nicht kompatiblen Annahmen, die sich im Beraterteam spiegelten, offen ausgesprochen wurden. Damit wurde auch klar, daß die Mitarbeiter auf Dauer nicht mit der Widersprüchlichkeit wie mit der häufig ausgesprochenen gegenseitigen Entwertung weiter arbeiten konnten. Insofern war der Ausstieg mehrerer Mitarbeiter (d. h. sie verließen die Organisation) durchaus ein Beratungserfolg.

Die hidden agenda für den externen Beraterauftrag des geschilderten Falls besteht in der Wiederherstellung einer gemeinsamen Arbeitsfähigkeit, die nicht mehr vorhanden war. In dieser Organisation war erst durch den Druck neuer Märkte und vernetzterer Produkte das Bild einer gemeinsamen Organisation nicht mehr aufrechtzuerhalten. Jeder Mitarbeiter hatte sich seine »Insel« geschaffen und über berufliche Außenkontakte notwendige Gratifikationen gesichert. Auch die ursprüngliche primäre Aufgabe der Organisation war inzwischen zum Anachronismus geworden.

In dem Beispiel der Beraterorganisation war eine Zusammenarbeit der Mitarbeiter nicht möglich, da ein Teil der Berater noch die Tradition der 68er-Generation mit der Idee der Humanisierung der Arbeitswelt vertrat. Ein anderer Teil, insbesondere die jüngere Generation der Berater, war fasziniert von Großprojekten, wo es darum geht, mit Downsizing-Maßnahmen für die größtmögliche Profitmaximierung des Unternehmens zu sorgen. Bereits bei der Rekrutierung neuer Mitarbeiter für die Abteilung zeigte sich so die ambivalente Haltung der Organisation.

Die Qualifikation des Beraters

In der historischen Entwicklung kam die erste Generation von Organisationsberatern aus der Tradition der amerikanischen Gruppendynamik. Diese war geprägt von Kurt Lewin, der als Professor am MIT (Massachusets Institute of Technology/Boston) Gründervater des späteren NTL (National Training Laboratory) in Bethel (Maine/USA) war, das 1947 gegründet wurde. Die Anforderungen an die Organisationsberater waren geprägt von dem Anspruch, sich sowohl in seinem Handeln wie in seiner Wirkung bewußt zu sein und sich als »Helfer« (Schein) anzubieten. Heute besteht zunehmend die Tendenz, Beratungstätigkeit unter dem Aspekt von hochdifferenzierten, meist betriebswirtschaftlichen Modellen zu favorisieren. Damit nimmt die Reflexion der eigenen Expertenrolle, in der sich der Berater als Trainer, Moderator oder als Coach einbringt und als Spiegel der Organisation fungiert, an Bedeutung ab. Mit der Expertenrolle als Anbieter eines spezifischen Know-hows erhält der Berater eine Funktion, die der ursprünglichen Entwicklungsidee der OE widerspricht.

Im Gegensatz zu strategischen Beratungsaufträgen, deren Hauptfocus die Umsatz- und Profitmaximierung sind, geht es der Organisationsentwicklung um die qualitative Verbesserung von Arbeitsbedingungen, das heißt, um die »weichen Teile« der Organisationsberatung. Burke (1998) kritisiert den derzeitigen gegenläufigen Trend als Wunsch, auf jeden Zug aufspringen zu wollen und damit die grundsätzlichen Ideen der OE, insbesondere ihre Werte hinsichtlich Humanisierung, Mitgestaltung und Mitbestimmung zu verraten. »Es gibt wenigstens zwei vorrangige Kriterien für die Arbeit des OE-Praktikers: Zum einen sollte sein Handeln eine theoretische Basis haben, zum anderen sollte er sich dabei an gewisse moralische Grundregeln halten« (Burke 1998, S. 62).

Der psychodynamische Berater benötigt neben seinem theoretischen Wissen über Organisationen Kenntnisse und reflektiertes Sachwissen über eigene unbewußte Prozesse und unbewußte Dynamiken in Organisationen. Das psychoanalytische

Konzept der Gegenübertragung dient dabei als zentrales Werkzeug, um Prioritäten zu setzen, Interventionen zu geben und Handlungsvarianten aufzuzeigen.

Sowohl der psychodynamische Zugang wie die von Schein beschriebene Haltung gehen jedoch davon aus, daß »Störungen in einer Organisation« vorrangigen Klärungsbedarf haben. Beide Ansätze sehen die jeweilige Störung als Symptom für ein dahinter liegendes Problem.

Eigene emotionale wie auch Gruppenbedürfnisse zu erfassen und mit typischen Konflikten umzugehen, wird traditionell in allen OE-Curricula berücksichtigt. Wie in den Anfängen der amerikanischen Organisationsberatung ist der Teil Gruppendynamik und Interaktion fester Bestandteil jeder OE-Ausbildung. Ebenso wie in den Gründerjahren bietet das NTL (National Training Laboratory) Trainings an, in denen die Arbeit in und mit Gruppen gelernt und erlebt wird. Zeitlich fast parallel dazu seit Anfang der 50er Jahre (1954) führt Tavistock psychodynamische Laboratorien durch, die unbewußte Mechanismen in der Organisation focussieren. Diese erfahrungsorientierten Lernangebote werden mittlerweile weltweit in unterschiedlichen Organisationsentwicklungs-Programmen angeboten.

Um den symptomatischen Charakter und dessen Bedeutung für die Gesamtorganisation erkennen zu können, bedarf es neben einem klaren theoretisch-diagnostischen Ansatz einer beraterischen Haltung, die Schein als teilnehmende Beobachtung im Sinne der empirischen Sozialforschung beschreibt. Dieser Ansatz wird in einer erweiterten Form mit Berücksichtigung unbewußter Anteile auch von dem Psychoanalytiker Devereux (1973) beschrieben.

Dementsprechend muß sich der Berater als Teil der Organisation im Sinne eines systemischen Verständnisses auf die Kultur, Dynamik und Geschichte einlassen und über die Identifikation mit Teilen oder einzelnen im System die Gesamtdynamik erfassen. Wichtig ist dabei, gemeinsam mit Vertretern der Organisation die Seiten abzuklären und zu identifizieren, die Anlaß, nicht jedoch Ursache für die »Störung« sind. Isabell de Menzies (1988) schildert die Gefahren aus dem Kontext einer Krankenhausorganisation, wo psychosoziale Abwehrmechanismen die Funktion erfüllen, den Umgang mit dem Tod wie die Ängste, die bei die Versorgung Sterbender entstehen, abzuwehren. Die Fähigkeit des Beraters, diese Mechanismen bereits in der Anfangsphase des Auftrags sowohl kognitiv wie emotional zu erfassen, sind beraterische Kernkompetenzen. Sie entscheiden über die Prognose und die Erfolgseinschätzung für den Beratungskontrakt.

In einem ambulanten Pflegedienstzentrum mit 15 Mitarbeitern entschließt sich das Team, das seit fast acht Jahren fest zusammenarbeitet, wegen Kommunikationsproblemen, das heißt häufigem »Vergessen« von Informationen beim Schichtwechsel, neue Organisationsstrukturen zu installieren. Der angefragte externe Berater fand ein vermeintlich harmonisches Team vor, das sich jedoch über die Leitung beklagte. Auch die Leiterin und ihr Stellvertreter versuchten, den Berater von ihrer Sichtweise zu überzeugen, und beklagten sich über die Schwierigkeiten mit dem Team. Bei einem weiteren Vorgespräch stellte sich heraus, daß alle Mitarbeiter lange private Vorgeschichten miteinander haben und jeweils nur im Team ihre Partner suchten. Der Konflikt mit der Leiterin entstand als diese mit ihrem Stellvertreter eine Beziehung begann und damit ein zentrales Teammitglied massiv kränkte, das bisher eine eheähnliche Partnerschaft mit dem Stellvertreter hatte.

Der Berater thematisierte die Vermischung von privaten und Arbeitskontakten wie die Ausschließlichkeit der Partnerwahl, die sich auf dieses Team bezog, und erklärte dies zum zentralen Problem. In der Beratungsarbeit war offensichtlich, daß nur die Klärung des Wechselspiels privater und beruflicher Kontakte eine Hoffnung auf die Verbesserung der Arbeitssituation versprach.

Nachdem das Team und die Führung sich einig waren, daß die Privatkontakte nichts mit ihrer Arbeit zu tun haben und nicht Gegenstand einer Beratung sein dürfen, wurde klar, daß eine Beratungsmaßnahme zum Scheitern verurteilt war. Das Team hatte den unausgesprochenen Wunsch, über formalisierte Strukturen die Beziehungen zu regeln. Gleichzeitig mußten sie den Mythos aufrechterhalten, zusammen eine große Familie zu sein, die sich immer versteht. Dem Berater wurde bereits in der zweiten Sitzung signalisiert, er wolle »die Familie zerstören« und könne es nicht verstehen, was es bedeutet, so gute Kontakte zu haben.

In ihrer Arbeit waren sich die Mitarbeiter klar, daß sie all die Tätigkeiten durchführen, die in einer »guten Familie« Familienmitglieder übernehmen würden.

In dem geschilderten Beispiel wird deutlich, wie das gesamte Team über den »familiären Zusammenhalt« eine psychosoziale Abwehrstruktur nach außen entwickelt hat. Im Rahmen des Trägervereins hatte dieses Team immer eine Sonderposition, da es mit einer 24-Stunden-Betreuung nicht den üblichen Strukturen der anderen Pflegezentren entsprach. Die Einrichtung war ein Pilotprojekt und bestand bereits seit acht Jahren. Es gab jedoch von außen zunehmend durch finanziellen Druck Überlegungen, die Gesamtstruktur der Organisation zu verändern. Durch den engen Zusammenschluß und die Definition der eigenen Arbeit als etwas ganz besonderes waren die Mitglieder sowohl beruflich wie privat aufs engste miteinander verbunden. Unausgesprochene Tabus waren zu kündigen und externe private Kontakte zu haben, wo niemand aus dem Team mit eingebunden war.

Atmosphärisch äußerte sich dies in der Beratungssituation so, daß der Berater von Anfang an sich als Fremdkörper erlebte und bei den Besprechungen mit dem Team mehrfach auf sich aufmerksam machen mußte, um nicht völlig ignoriert zu werden. Die verborgene Beratungsbotschaft war, dem Team die externe Bedrohung von seiten des Trägers abzunehmen und wieder Ruhe im Team herzustellen. Die Verführung von seiten des Teams gegenüber dem Berater bestand darin, daß der Berater Rettungsfunktionen übernehmen sollte, die von vornherein zum Scheitern verurteilt waren.

Die interdisziplinäre Zusammenarbeit von Beratern

Die Komplexität von Organisationen wie die spezifische Organisationskultur, die wesentlich auch vom Produkt und Inhalt der Arbeit bestimmt wird, resultiert in einer sehr diversifizierten

Beraterlandschaft. Auch der Beratungsmarkt orientiert sich zunehmend dahingehend, bestimmte Berater als Spezialisten für spezifische Organisationen (profit, non-profit, Dienstleistung, Produktionsbetriebe) zu unterscheiden. De facto ist es in Beraterorganisationen so, daß Berater mit ihren jeweiligen individuellen Produkten bestimmte Marktsegmente bedienen.

Auf dem Beratungsmarkt, der sich mittlerweile auf etwa 5000 Berater in der Bundesrepublik Deutschland bei steigender Tendenz beziffert, geht der Trend zu flexiblen Netzwerken, in denen Kolleginnen und Kollegen für gemeinsame Projekte zusammenarbeiten. Der Vorteil dieser Zusammenarbeit besteht darin, daß sowohl größere Projekte, die auch meist unterschiedliche Kernkompetenzen erfordern wie verschiedene berufliche Ausgangssituationen, sich produktiv ergänzen.

Bei einem Finanzdienstleister zeigt sich nach Erhebung der OE-Diagnose, daß auf der Führungsebene deutliche Kommunikationsmängel bestehen. Die Mitarbeiter klagen über geringe Abstimmung in den Arbeitsabläufen und mangelnder Kooperation untereinander. Der externe Berater, ein gelernter Banker und Betriebswirt, übernimmt den produktorientierten Teil des Projekts, die Installation der Ablauforganisation. Die Arbeit mit den Führungskräften in Form von Führungskraftentwicklung und mitarbeiterorientierte Führungsstrategie wird an eine dafür spezialisierte Kollegin delegiert. Diese Maßnahmen laufen parallel und werden häufig mit beiden Beratern, die dafür Trainerfunktionen übernehmen, wie mit den beteiligten Zielgruppen durchgeführt. Durch die Entwicklungsmaßnahme erlebt die Führung ebenso wie die Mitarbeiter die Berater als Modell im Umgang mit Schnittstellenproblemen. Diese gemeinsame Arbeit erfordert ein hohes Ausmaß an Kooperation, die Maßnahmen müssen gemeinsam geplant, abgestimmt, ausgewertet werden. Trotz der Unterschiedlichkeit in der Beratungsfunktion ist der Konsens hinsichtlich der gemeinsamen Beratungsphilosophie wie der Wertmaßstäbe die Basis der Zusammenarbeit.

Kooperierende Beratungstätigkeit auch mit unterschiedlichem inhaltlichem Know-how erfordert eine klare Abstimmung bezüglich gemeinsamer Werte. Die Berater treten als ein Team auf, haben klare Absprachen zu ihren Aufgaben und bewerten ihre Arbeit als gleich wichtig. Ein Konsens hinsichtlich der Zusammenarbeit ist erforderlich, da in konflikthaften Situationen die Berater entweder von einzelnen oder auch von Teilen des Systems für eigene Zwecke funktionalisiert werden. Gleichzeitig stellt das Beratungsteam auch modellhaft dar, wie eine Kooperation in unterschiedlichen Bereichen der Organisation aussehen könnte.

Jenseits dieser idealtypischen Zusammenarbeit besteht ein massiver Konkurrenzkampf auf dem Beratungsmarkt. Betriebswirtschaftliche Beratungsansätze, die primär auf die Reduzierung der Gemeinkosten zielen, werden zunehmend als OE-Projekte dargestellt.

Burke (1998) beschreibt diese Faszination des Wettbewerbs wie die Konkurrenz von Beratern, die sich darin äußert, wer das größte Downsizing-Projekt betreut und mit der geringsten Mitarbeiterzahl den größten Umsatz zu erwirtschaften hilft. Er sieht diese Haltung als ausbeuterisch und in der Grundhaltung dem Verständnis von OE zuwiderlaufend. Die gemeinsame Sprache bei Beratungsprojekten bedeutet für psychodynamische Berater, daß auch von den Kollegen die Akzeptanz und die Priorität unbewußter Prozesse geteilt wird.

Der Berater und sein Kunde

Buchinger (1997) sieht die Ursache für den boomenden Beratungsmarkt in der zunehmenden Auflösung traditioneller Werte in der Gesellschaft und der Suche nach ethischen Substituten. Die Gefahr besteht darin, daß Anhäufung von Kapital als einziger, unhinterfragter Wert akzeptiert und propagiert wird. Auch in der Non-Profit-Szene verändert sich die Grundhaltung dahingehend, daß die Organisationen sich bevorzugt mit ihrem Jahresetat und der Anzahl der Mitarbeiter darstellen, statt mit ihrem Aufgabengebiet. Radikales, profitorientiertes Denken erhöht die Nachfrage am Beratermarkt insbesondere bei denen, die die Reduzierung der Mitarbeiter wie die Senkung der Gemeinkosten zum Ziel haben.

Organisationsberatung, die sich als Entwicklungsmaßnahme für die gesamte Organisation versteht, bezieht die Mitarbeiter mit ihren Ressourcen und Bedürfnissen mit ein. Beratung, die hierarchisch top-down läuft, also von der Führung angeordnet wird, ist keine Organisationsentwicklung, sondern eine Unternehmensberatung. Organisationen suchen sich die Art der Beratung wie Berater, die zu den eigenen Wertmaßstäben und der Organisationsphilosophie passen.

Zentral für eine erfolgreiche gemeinsame Arbeit von Kunde und Berater ist die Beantwortung folgender Fragen:
– Was glauben Sie, was wir Ihnen bieten können?
– Warum haben Sie sich für uns entschieden?
– Was beabsichtigen Sie mit der Beratung?
– Inwieweit wollen Sie die Mitarbeiter in die Maßnahme mit einbeziehen?

Die Antworten dieser Fragen beleuchtet die projektiven Wünsche des Auftraggebers und tragen zur Klärung des Kontrakts bei.

Psychodynamische Organisationsberatung versus klassische Organisationsentwicklung?

Eine Differenzierung zwischen psychodynamischen Beratungsansätzen und Organisationsentwicklung ist nur punktuell möglich. Beide Ansätze ergänzen sich, sie beziehen sich jedoch auf einen anderen Focus. Die klassische Organisationsentwicklung entstand aus Konzepten der Humanistischen Psychologie, in denen einzelnen Mitarbeiter in der Organisation mehr Autonomie, Kompetenz und Fähigkeiten zugesprochen werden. Leitidee der Organisationsentwicklung ist die Lewinsche Grunderkenntnis, daß ein System mehr ist als die Summe seiner Teile. Damit ist jede Organisation mit ihren Ressourcen und Subsystemen als eigene Struktur zu verstehen. Die Haltung und konkrete Arbeit des Organisationsentwicklers orientiert sich primär an den geschilderten Symptomen der Organisation.

Der klassische Berater ist in seiner Beratungsrolle interventionsorientiert und versucht, die Lerndefizite der Organisation zu benennen und vorhandene Ressourcen zu aktivieren. Dabei läuft er Gefahr, bei der Beratungsarbeit Kommunikationsdefizite in der Organisation zu übersehen, aber auch Konflikte zu ignorieren. Eine weiteres Risiko des stark lernorientierten Ansatzes, der auch hauptsächlich von Senge (1997) favorisiert wird, besteht darin, daß die Organisation in starke Abhängigkeit vom Berater gerät. Dies besteht vor allem auch dann, wenn Berater vermeintlich immer mehr wissen und wahrnehmen als die zu beratende Organisation. Im Extremfall wird Organisationsentwicklung damit zu einem »friendly take over« (Trebesch 1998).

Der psychodynamisch tätige Berater orientiert sich primär an unbewußten Konflikten, die sich symptomatisch in der Organisation zeigen. Die Arbeitshaltung ist von der Vorstellung geprägt, sich nach Bearbeitung der Konflikte überflüssig zu machen. Dieser Ansatz ist ressourcenorientiert; er geht davon aus, daß das System seine Balance verloren hat. Anlaß hierfür können außer organisationsinternen Konflikten auch Einflüsse von außen darstellen. Diese entstehen beispielsweise durch sich verändernde Märkte, die eine existentielle Bedrohung für die Organisation zur Folge haben.

Das Risiko der psychodynamischen Beratungsarbeit besteht darin, daß die Organisation hinsichtlich ihrer Einsicht überschätzt wird, der Berater zu passiv ist und sich auf analytische Deutungen reduziert. Ein weiterer Kritikpunkt in einer primär psychodynamischen Sichtweise besteht in der Überbetonung von Konflikten. Insbesondere in psychosozialen Einrichtungen entstehen auch dadurch Konflikte, daß sich die Mitarbeiter nicht auf verläßliche Strukturen einigen können. Hier werden Beziehungskonflikte funktionalisiert, um eine funktionierende Ablauforganisation zu verhindern.

Im Sinne einer effektiven Organisationsberatungstätigkeit sollte der Berater über Kompetenzen in beiden Bereichen verfü-

gen. Organisationen »auf die Couch zu legen« verspricht genauso wenig Erfolg wie organisationsfremde Maßnahmenkataloge,
die sich ein externer Experte ausgedacht hat.

Literatur

Buchinger, K. (1997) Supervision in Organisationen. Heidelberg.

Burke, W. W. (1998): Die neue Agenda für Organisationsentwicklung.
Organisationsentwicklung, Heft 3, S. 50–64.

Devereux, G. (1973): Angst und Methode in den Verhaltenswissen-
schaften. München.

French, W. L.; Bell, C.H. (1990): Organisationsentwicklung. Bern.

de Menzies-Lyth, I. (1988): Containing Anxiety in Institutions. London.

Obholzer, A.; Zagier Roberts, V. (1997): The unconscious at work. London.

Schein, E. H. (1988): Process Consultation Vol. I. Addison-Wesley.

Schein, E. H. (1998): Die Entwicklung der Organisationsentwicklung.
Organisationsentwicklung Heft 3, S. 36–49.

Senge, M. (1997): Das Fieldbook zur fünften Diziplin. New York.

Trebesch, K. (1998): Vorwort. Organisationsentwicklung Heft 3, S. 33–
36.

■ Thomas Eisenreich

Steuerung und Führung mit Kennzahlen

Die Balanced Scorecard als Cockpit für das Unternehmensmanagement

Der Erfolg eines Unternehmens ist nicht nur an den aktuellen wirtschaftlichen Ergebnissen zu messen. Mittel- und langfristig werden diese finanziellen Erfolge nur dann sicher sein, wenn die Qualität der Dienstleistungen und Produkte hervorragend ist, der Kunde als wichtigster Partner des Unternehmens gepflegt wird, die internen Prozesse stetig verbessert werden und durch Innovationen der zukünftige Markterfolg vorbereitet wird. Die Schlagworte Qualität, Prozeßoptimierung, Kundenorientierung sowie ein Prozeß der kontinuierlichen Verbesserung sowie Innovationsfähigkeit sind in fast allen Unternehmen bekannt. Ein Cockpit, das eine Steuerung dieser unternehmensrelevanten Bereiche ermöglicht, fehlt jedoch fast immer. So entstehen Reibungsverluste, unterschiedliche Zielsysteme bis hin zu Blockaden, die letztendlich den Unternehmenserfolg negativ beeinflussen.

Analysiert man Unternehmenskrisen, sind fast immer die gleichen Ursachen erkennbar. Die eigentlichen Ursachen der Krise sind schon früh erkennbar, jedoch oft nicht in den Finanzdaten. Vielmehr sind solche negativen Entwicklungen frühzeitig an eher weichen Faktoren im Unternehmen ablesbar. Steigt zum Beispiel die Krankheitsquote oder verlängern sich Prozesse in der objektiven und subjektiven Wahrnehmung, sind dies erste Indikatoren für sich entwickelnde Unternehmenskrisen. Aus dieser Erkenntnis heraus empfiehlt es sich, ein Managementsystem und Controllinginstrument zu nutzen, das eine umfassende Steuerung aller im Unternehmen wichtigen Bereiche und Dimensionen ermöglicht und dabei harte und weiche Faktoren berücksichtigt. Dabei kommt es jedoch wesentlich darauf an, Konformität über alle Organisationseinheiten zu vermeiden, damit die für eine Fortentwicklung von Unternehmen so wichtige Individualität einzelner Bereiche im Rahmen eines festgelegten Gesamtrahmen beibehalten werden kann.

In der Praxis hat sich das Controllinginstrument und Managementsystem der Balanced Scorecard für diese Anforderungen bewährt. Entwickelt wurde die Balanced Scorecard (BSC) in den USA aufgrund der Erkenntnis, daß eine alleinige Betrachtung von Finanzdaten für eine Erfolgmessung und eine Unternehmenssteuerung nicht mehr ausreicht. Vergleicht man die Aufgaben des Managements mit denen von Piloten kommt man zu interessanten Ergebnissen. Klassische Controllinginstrumente betrachten vorwiegend den Finanzbereich des Unternehmens und stellen sich oft als eine Fortentwicklung der Kostenrechnung dar. Der Pilot eines Flugzeugs hätte in diesem Vergleich also nur wenige Informationen zur Steuerung der Maschine, etwa nur Geschwindigkeit und Höhe. Ohne Kompaß wird er also nicht weit kommen. Selbst mit Kompaß kann er sein Flugzeug immer noch nicht steuern. Es fehlt dann eine Angabe, wohin der Flug gehen soll. Für alle Planungen des Fluges sowie dessen stetige Überwachung ist jedoch eine genaue Zielbeschreibung wichtig. Es sind andere Parameter zu beachten, wenn es sich um einen Flug von Frankfurt nach New York oder nach München handelt. Aus der Zielbeschreibung resultieren auch die notwendigen Parameter für den Kerosinvorrat, die Bordverpflegung, die Flugdauer oder die Maschinengröße. Spinnt man diesen Gedanken im Unternehmen weiter, sind ebenfalls solche Zielvorgaben notwendig, um die einzelnen Unternehmensbereiche erfolgreich zum Ziel steuern zu können. Dabei muß erst einmal das Gesamtziel auch im Unternehmen festgelegt werden. Anschließend können die Route geplant und die dafür notwendigen Arbeiten, Zwischenziele und Ressourcen vorgeplant werden, so wie der Pilot den Kerosinvorrat bestimmt, Start- und Landezeiten klärt und letztendlich die Route mit der Flugsicherung abspricht. Wie funktioniert die Balanced Scorecard nun in der Managementpraxis?

Grundsätzliches

Mit der Balanced Scorecard wurde ein Controllinginstrument geschaffen, daß die klassische Trennung verschiedener strategischer und operativer Managementinstrumente aufhebt. Ausgangspunkt bei der Erstellung einer Balanced Scorecard ist die Vision des Unternehmens. Die Vision umfaßt mit einem Satz, wohin das Unternehmen in den nächsten fünf bis zehn Jahren strategisch gesteuert werden soll. Im Grunde ist die Vision der »Zielflughäfen« für die gesamte Mitarbeiterschaft, angefangen vom Management bis zur untersten Ebene. Kurz und prägnant soll die Vision verfaßt und für alle verständlich sein.

Ausgehend von diesem Gesamtziel werden nun die einzelnen strategischen Ziele für die Managementdimensionen im Unternehmen bestimmt. Bei der Entwicklung der Balanced Scorecard hat man vier große Perspektiven für ein Unternehmen definiert:
– Finanzen,
– Kunden,
– Prozesse,
– Innovation/Qualifikation.

Diese vier Perspektiven (auch Dimensionen) sind nicht statisch, vielmehr können weitere Perspektiven hinzugefügt, aber auch einzelne weggelassen werden. Regelmäßig zeigt sich jedoch in der Praxis, daß mit den genannten vier Perspektiven gut zu arbeiten ist. Für jede der vier Perspektiven werden jeweils vier bis fünf strategische Ziele bestimmt. Maximal ergeben sich somit 20 Ziele, die zur Erreichung der Vision notwendig sind. Die Auswahl der Ziele ist vergleichbar einer klassischen Strategieentwicklung, nur daß es eine vorgegebene Systematik und eine zahlenmäßige Beschränkung gibt. Gerade bei der Reduzierung der Ziele zeigt sich der praxisnahe Charakter der BSC. Je mehr Ziele definiert sind, desto schwerer wird es, diese in der Gesamtheit zu erreichen. Daher gilt hier der Grundsatz, daß weniger eher mehr ist, zumindest was die Wahrscheinlichkeit der Zielerreichung angeht. In die Perspektiven werden nur die Ziele aufgenommen, die markt- und wettbewerbsrelevant sind, so daß eine nicht kundenorientierte Beschäftigung mit sich selbst vermieden wird. Gerade in großen Strukturen bedingt dies oft einen erheblichen Umdenkungsprozeß, da viele interne Stellen sich selbst durch die markt- und wettbewerbsrelevante Zieldefinition eine neue Ausrichtung auf die internen Kunden schaffen müssen.

Struktur der Balanced Scorecard

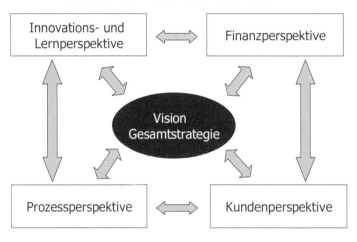

Abb. 1: Struktur der Balanced Scorecard

Die strategischen Ziele dürfen zu diesem Zeitpunkt des Prozesses noch nicht mit Kenngrößen versehen werden (z.B. Umsatzrendite > xy %)! Dies geschieht zu einem späteren Zeitpunkt. Die angestrebte Profitabilität muß also in Worte gefaßt werden, ohne an dieser Stelle zu konkret zu werden. Alle Ziele stehen miteinander durch Kausalbeziehungen in Verbindung. Dabei bestehen typischerweise folgende Abhängigkeiten: Finanzen – Kunden – Prozesse – Innovation (Abb. 1). Die Abhängigkeiten bestehen in beiden Richtungen. An einem Beispiel kann man sich diese Abhängigkeiten gut erkennen: Kein Profit ohne Kunden, die das Ergebnis der Prozesse und der Innovation kaufen. Andersherum gibt es folgenden Merksatz: Kontinuierliche Verbesserung entschlackt die Prozesse, diese führen zu zufriedeneren Kunden die mehr abnehmen und damit zu besseren finanziellen Ergebnissen. Hierbei handelt es sich um Kausalitäten, die nicht einfach übernommen werden können, vielmehr sollen sie darstellen, wie die Beziehungen der Perspektiven untereinander ausgestaltet sind. Bedingt durch die Abhängigkeiten wird ein ausbalanciertes Zielsystem geschaffen. Alle Ziele müssen so zusammengefügt werden, daß einzelne Übergewichtungen, die das Gesamtsystem gefährden würden, vermieden werden (»balanced«).

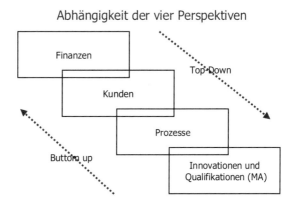

Abb. 2: Abhängigkeit der vier Perspektiven

Beschrieben werden die Ursachen-Wirkungsbeziehungen der vier Perspektiven untereinander durch Wenn-dann-Postulate. Oft können die Postulate mit Erfahrungswerten unterlegt werden, so daß in der späteren Nutzung überwacht werden muß, ob diese Erfahrungen auch tatsächlich nachweisbar sind. Ein einfaches Beispiel einer Ursachen-Wirkungs-Beziehung sieht so aus:

wenn alle Mitarbeiter/innen für die Arbeit qualifiziert sind, vermeiden wir aufwendige Nacharbeiten, so daß unsere Produktion effizienter arbeiten kann.

Betrachtet man die Abhängigkeitskette genau, stellt der Betrachter fest, daß eine wichtige Aussage in der Annordnung der beiden Perspektiven »Finanzen« und »Innovation« enthalten ist: Ohne Wissensmanagement ist kein Profit möglich. Daher basiert letztendlich der finanzielle Erfolg auf dem Fundament der Innovationen/Qualifikationen (Abb. 2). Ba-lanced Scorecard hat seinen Reiz letztendlich als ein Instrument, das Wissensmanagement in einen finanziellen Erfolg überführbar machen hilft, dadurch daß der Return-on-Invest in das Knowledge oder Human-Capital meßbar gemacht wird.

Keine Kennzahl ohne Zielwert

Damit die festgelegten Ziele auch tatsächlich erreicht werden können, bedarf es in einem anschließenden Schritt deren Operationalisierung. Vergleichbar mit dem Piloten werden auf der Route zum Ziel Zwischenziele anhand von Meßindikatoren festgelegt. Wählt der Pilot verschiedene Koordinaten seiner Punkte an denen er sein erreichtes Streckenziel festmachen kann, muß sich das Unternehmensmanagement vergleichbare Orientierungshilfen schaffen. Diese werden durch Kennzahlen festgelegt. Getreu dem Grundsatz, daß nur dann eine Steuerung möglich ist, wenn gemessen wird, müssen nun für alle vier Perspektiven Meßindikatoren definiert werden, anhand derer eine Zielerreichung bestimmt werden kann. Ist dies für den Bereich der Finanzen noch relativ einfach, da hier auf bestehende Kennzahlensysteme zurückgegriffen werden kann, müssen in den übrigen Perspektiven oft neue Indikatoren geschaffen werden. Abseits der Finanzperspektive hat man es dabei mit eher weichen Faktoren, also mehr durch subjektive Wahrnehmungen bestimmte Erfolgskriterien zu tun. An zwei Beispielen läßt sich dies sehr gut festmachen:

In einem Handelsunternehmen wird als strategisches Ziel

festgelegt, daß die Wartezeiten aufgrund von Warteschlangen den Kundenanforderungen entsprechend verringert werden müssen. Gerade im Handel sind lange Wartezeiten ein wesentlicher Faktor im Wettbewerb. Korrespondierend müssen die Ziele der Finanzperspektive – keine höheren Personalkosten – beachtet werden. Analog wird in der Prozeßperspektive sicherlich festgehalten, daß ein flexibler, kapazitätsorientierter Personaleinsatz erreicht werden muß. Unter diesen Prämissen wird sich das Management nun mit Alternativen beschäftigen, deren Ziel es ist, daß die Kunden kaum Wartezeiten wahrnehmen. Als Indikator für die Zielerreichung (Verringerung der Wartezeitwahrnehmung beim Kunden) eignen sich beispielsweise entsprechende Ergebnisse von Kundenbefragungen. In der Praxis hat man schon vor Jahren festgestellt, daß die negative oder positive subjektive Wahrnehmung der Wartezeit vor allem von der Bewegung innerhalb der Warteschlange abhängt. Geht es stetig voran, wird die Wartezeit eher nicht als störend empfunden, bei konstantem Stillstand dagegen sehr schnell als sehr störend. Übersetzt heißt dies, daß auch eine kurze Warteschlange mit keinerlei Bewegung eine negative Wahrnehmung der Wartezeit verursacht. Jeder kennt diese Situationen in Bank- und Postfilialen, mit der typischen Warteschlangenverteilung. Aber auch bei einem Besuch einer ALDI-Filiale ist dieses Phänomen zu beobachten. Durch die schnelle Arbeit an den Kassen und einen äußerst flexiblen Personaleinsatz werden selbst längste Warteschlangen nicht als lang und zeitraubend wahrgenommen. Es geht immer voran. Für das Beispielunternehmen bedingt also die Messung der subjektiven Wahrnehmung eine Verbesserung der Kundenorientierung, eine Flexibilisierung des Personaleinsatzes, ohne weiteres Personal einstellen zu müssen. Mit einer reinen Zeit- oder metrischen Längenmessung wäre dieses Ziel wahrscheinlich nicht erreicht worden.

Für jedes der strategischen Ziele werden ein bis zwei Kennzahlen definiert. Da immer einige Kennzahlen mehreren strategischen Zielen zugeordnet werden können, entsteht durch diese Beschränkung ein übersichtliches Kennzahlenspektrum. Ausgewählt werden aufgrund der zahlenmäßigen Beschränkung nur

Schlüsselindikatoren, die eine tatsächliche Aussagekraft besitzen und möglichst viele Informationen zusammenfassen. Für die spätere Nutzung der BSC sollten in jedem Fall Früh- und Spätindikatoren für jedes strategische Ziel bestimmt werden. Im Anschluß an die Bestimmung der Kennzahlen werden die Zielwerte (= Soll) bestimmt. Der zweite Namensteil der BSC (»Scorecard«) resultiert aus dieser Zusammenstellung von Kennzahlen, um die Zielerreichung wie in einem sportlichen Wettkampf mit Zahlen zu messen. Durch die Unterscheidung nach Früh- und Spätindikatoren lassen sich in Verbindung mit den festgelegten Sollwerten sehr frühzeitig Veränderungen feststellen. Die Frühindikatoren werden auch als Leistungstreiber bezeichnet. Vereinfacht dargestellt zeigen Frühindikatoren an, daß sich etwas im Ergebnis verändern könnte, während die Spätindikatoren signalisieren, daß sich etwas verändert hat. Im Grunde werden durch diese beiden Indikatorentypen ebenfalls Ursachen-Wirkungsbeziehungen abgebildet und zwar innerhalb eines Ziels. Anhand eines Beispiels der Prozeßperspektive kann diese Kombination gut abgebildet werden: Die Anzahl der eingehenden Verbesserungsvorschläge kann als Frühindikator signalisieren, ob die internen Prozesse stetig optimiert werden. Eine Rückmeldung des Kunden im Rahmen einer Kundenbefragung oder die Ergebnisse der Prozeßkostenrechnung geben erst nach einem bestimmten Zeitraum ein Signal, ob einzelne Prozesse optimal laufen oder nicht.

Erst wenn die Soll-Werte bestimmt sind, wird in einem nächsten Schritt der aktuelle Ist-Wert bestimmt. Erreicht wird mit dieser Reihenfolge, daß erst einmal ein Idealzustand definiert wird und durch die anschließende Ist-Bestimmung letztendlich der aktuelle Zustand des Unternehmens im Sinne der Markt- und Wettbewerbsrelevanz deutlich wird. Damit wird schon im Einführungsprozeß deutlich, wo die Gründe für bestimmte Probleme liegen. Anhand des Abgleichs der Soll- mit den Ist-Werten lassen sich die Maßnahmen zur Zielerreichung bestimmen. Mittels der beschriebenen Vorgehensweise bei der BSC-Erstellung und der damit verbundenen Fixierung auf den Markt und den Wettbewerb, wird das Unternehmen zwangsläufig in eine kundenorientierte Arbeit geführt. Aufgrund der beschriebenen Ziele sowie der Vision passiert dieses jetzt nicht einfach so, vielmehr ergibt sich diese neue Betrachtungsweise fast von selbst, so daß die notwendige Akzeptanz der neuen Blickrichtung vorhanden ist.

Als gutes Hilfsmittel zur systematischen Erstellung der BSC hat sich die in Abbildung 3 dargestellte Matrix herausgestellt. Ausgehend von der Vision werden immer von links nach rechts vorgehend die Spalten gefüllt.

In einem Unternehmen gibt es immer mehrere Scorecards. Ausgangspunkt ist die Scorecard für das Gesamtunternehmen oder die Geschäftsleitung. Ist diese erstellt, werden die strategischen Geschäftsfelder des Unternehmens in Scorecards abgebildet. Deren Ziele orientieren sich an den in der Gesamtscorecard festgelegten Zielen. Allerdings sind die Ziele der Gesamtscorecard allgemeiner und übergreifender formuliert. Je weiter man im Unternehmen vordringt und Scorecards erstellt, desto detaillierter werden diese für die einzelnen Geschäftseinheiten, Abteilungen oder sogar im Rahmen von Zielvereinbarung für einzelne Mitarbeiter/innen (Abb. 4). Der Vorteil dieser Vorgehensweise liegt darin, daß die Gesamtziele über alle Geschäftseinheiten bekannt sind, jedoch die einzelnen Unternehmensbereiche für sich individuell im Rahmen der festgelegten Gesamtziele bewegen und planen können. Eine Aufgabe der Individualität einzelner Firmenteile und damit eine schädliche Konformität über das gesamte Unternehmen wird vermieden. Aufgrund der Markt- und Wettbewerbsorientierung kann es zu einer neuen Definition von Geschäftseinheiten kommen, um die Kundenorientierung tatsächlich abbilden zu können. Auch daran lassen sich dann Probleme der bisherigen Arbeit gut festmachen.

Beispiel einer BSC

BSC für	Beispiel-Unternehmen							◁ ▷
XXXXXXX								contec
Perspektive	Ziele	Kennzahlen	Kennzahl Soll	Kennzahl Ist	Massnahmen	Verant w.	Termine	Proj.-Nr.
								hier kann dem eine Verknüpfung zu einer Projektplanung hinterlegt werden
Finanzen						N.N.		
Kunde						N.N.		
Prozesse						N.N.		
Innovation / Qualifikation						N.N.		

Abb. 3: Struktur einer Balanced Scorcard

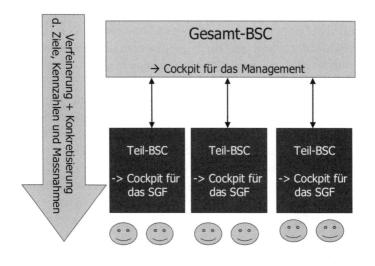

Abb. 4: Balanced Scorecards für Unternehmensteile

Steuerung und Führung mit Kennzahlen   **103**

Regelmäßige Auswertung der Messungen

Die BSC führt nur dann zum Erfolg, wenn die ermittelten Kennzahlen regelmäßig ausgewertet werden. Jede Führungskraft bekommt die aktuellen Kennzahlen seiner Scorecard regelmäßig aus dem Controlling übermittelt. Die Ergebnisse und daraus eventuell abzuleitende Korrekturen sollten jedoch nicht allein im stillen Kämmerlein erfolgen. In strategischen Feedbackrunden können die Ergebnisse in Kleinteams ausgewertet, Abweichungen analysiert und Kurskorrekturen in der Arbeit gemeinsam festgelegt werden. Führungsteamsitzung und auch Mitarbeiterbesprechungen kön-nen so thematisch angereichert und zielgerichtet genutzt werden. Zeitaufwendige Überzeugungsarbeit wird durch zielgerichtete Projektarbeit ersetzt. Gerade im monatlichen Berichtswesen spielt die BSC ihre Stärken aus. Aufgrund der zahlenmäßig begrenzten Ziele und somit auch einer Beschränkung der maßgeblichen Kennzahlen werden monatlich maximal 30 Kennzahlen ausgewertet. Diese sind jedoch Schlüsselindikatoren und spiegeln die Situation im Unternehmen oder einem Teilbereich genauestens ab. Eine nicht geplante Veränderung einer Kennzahl hat damit eine enorme Bedeutung und muß sofort analysiert werden. Damit entsteht eine Verpflichtung für das Management, die Anzeigen in ihrem Managementcockpit ernst zu nehmen, damit das Unternehmen nicht ungewollt, aber sehenden Auges in eine Krise abrutscht. In der Geschäftsleitung laufen alle Informationen der einzelnen Scorecard Ergebnisse zusammen. Dies geschieht nicht in Form einer unübersichtlichen Zahlenkolonne, sondern die für das Gesamtunternehmen entwickelte Scorecard mit ihren Kennzahlen liefert die Gesamtübersicht. Daher ist die beschriebene Vorgehensweise, von der Unternehmensspitze bis zur untersten Unternehmenseinheiten die Scorecards zu erstellen, so wichtig. Bei Abweichungen von den Zielwerten der übergeordneten Scorecard können, bedingt durch die gegenseitigen Abhängigkeiten der einzelnen Scorecards, schnell die notwendigen Detailinformationen zusammengestellt werden.

P1	Formulierung und Um-
	setzung von Vision und
	Strategie
	· Formulierung der
	  Vision
	· Konsensfindung
		$\Rightarrow$	· Die Strategie dient als Aus-
			  gangspunkt für den gesamten
			  Managementprozeß
			· Die von allen geteilte Vision ist
			  die Grundlage für den
			  strategischen Lernprozeß

P2	Kommunikation und
	Verknüpfung mit der
	Strategie
	· Kommunizierung und
	  Ausbildung
	· Zielsetzung
	· Verknüpfung von
	  Leistungskennzahlen
	  und Anreizen
		$\Rightarrow$	· Zielabstimmung im gesamten
			  Unternehmen, von oben nach
			  unten
			· Fortbildung und offene
			  Kommunikation über die
			  Strategie sind die Basis der
			  Personalentwicklung
			· Die leistungsorientierte
			  Vergütung wird mit der
			  Strategie direkt verbunden

P3	Planung und Vorgaben
	· Vorgaben bestimmen
	· Abstimmung strategi-
	  scher Maßnahmen
	· Ressourcenverteilung
	· Meilensteine festlegen
		$\Rightarrow$	· Anspruchsvolle Ziele werden
			  aufgestellt und akzeptiert
			· Strategische Initiativen werden
			  klar umrissen
			· Investitionen werden von der
			  Strategie bestimmt
			· Verknüpfung des Jahresbud-
			  gets mit den langfristigen
			  Plänen

P4	Strategisches Feedback
	und Lernen
	· Artikulation der
	  gemeinsamen Vision
	· Strategische Feedback
	· Strategiereviews und
	  strategisches Lernen
	  ermöglichen
		$\Rightarrow$	· Feedbacksystem dient zur
			  Überprüfung der Hypothesen
			  und denen die Strategie basiert
			· Problemlösung durch Teams
			· Strategieentwicklung ist ein
			  kontinuierlicher Prozeß

Abb. 5: Die Einführung der Balanced Scorecard

Mögliche Kennzahlen in der BSC - Beispiele

- Mitarbeiterzufriedenheit
- Innovationen
- Innerbetriebliche Vorschläge
- Qualifikationen (Quantität & Qualität)
- Mitarbeiterwechsel

- Umsatzrentabilität
- Personalkostenquote
- Deckungsbeitrag je ....
- Cash-Flow
- Geschäftswertbeitrag

| Innovation & MA | ← → | Finanzen |

Vision

| Interne Prozesse | ← → | Kunden |

- Reaktionszeiten
- Fehlerbeseitigungskosten
- Führungsaufwand (Zeit / Geld)
- Schnittstellenfehler
- Entwicklungszeiten

- Kundenzufriedenheit
- Marktanteil
- Kundenstruktur
- Bekanntheitsgrad
- Image

Abb. 6: Kennzahlenbeispiele für eine Balanced Scorecard

Früh- und Spätindikatoren

Messen die direkte Strategieeinhaltung als Frühwarnsystem

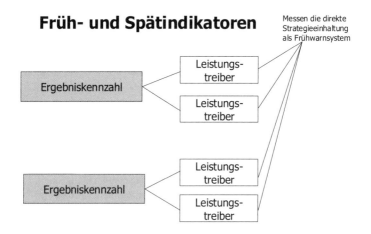

Abb. 7: Balanced Scorecard als Warnsystem

Häufige Fehler

Die Einführung der BSC erfordert eine systematische Vorgehensweise und eine vollständige Bearbeitung aller Punkte, also
von der Vision über die Kennzahlen und deren Zielwerte zu den
konkreten Maßnahmen. In einigen Unternehmen ist der Einführungsprozeß nach Festlegung der strategischen Ziele abge-
brochen worden, da die Kennzahlen nicht definiert werden
konnten. Der fehlende Schritt aus der Strategie zum operativen
Zielsystem mit Kennzahlen hängt oft mit fehlenden Erfahrungen bei der Entwicklung von Kennzahlen zusammen. Für das
Projektmanagement der BSC-Einführung sollte also ein Verantwortlicher gesucht werden, der Erfahrungen im strategischen
und operativen Controlling hat sowie eine Bereitschaft zur Entwicklung innovativer Kennzahlen vorweisen kann.

Durch die Verbindung von strategischen und operativen Zielen und einer Bestimmung von Zielwerten macht die BSC das
Unternehmen transparent. Diese Transparenz ist für manche
Führungskraft ungewohnt, manchmal lehnt das Management
diese sogar ab. Wird diese Transparenz nicht gewollt, stockt der
Einführungsprozeß ebenfalls. In diesem Moment sollte das Projekt gestoppt werden und erst eine Bereitschaft zur Transparenz
bei den verantwortlichen Führungskräften geschaffen werden.

Sind Kennzahlen und Zielwerte bestimmt, müssen die entsprechenden konkreten Schritte eingeleitet werden, um die festgelegten Ziele zu erreichen. Eine fehlende Verbindlichkeit bei
diesem Punkt des Einführungsprozesses und der Nutzung des
Instruments spiegelt ein System der Unverbindlichkeit im Unternehmen wider, was relativ schnell zu einer Krise führen wird.

Management mit BSC

Bedingt durch die Zielwertorientierung der BSC sowie die Entwicklung von Scorecards für alle Unternehmensbereiche verändern sich die Führungsanforderungen. Ein zielorientiertes Führungssystem wird durch die BSC hergestellt und schafft neue

Freiräume für die eigentlichen Kernaufgaben des Managements. Zudem bietet die BSC die Möglichkeit, Zielvereinbarungen auch mit einzelnen Mitarbeiter/innen analog des BSC-Aufbaus zu treffen. Da die Zielkorridore auf die bisher meist ausgeklammerten weichen Faktoren ausgedehnt werden, können nun auch solche Parameter wie »soziale Kompetenz«, »Innovationsfähigkeit«, »Erfahrungen und Qualifizierungen« meßbar und damit in einem erfolgsorientierten Vergütungssystem integrierbar gemacht werden. Das Management bekommt somit eher die Rolle eines Trainers und Motivators. Diese Aufgabe kostet Zeit und bedingt einen hohen Kommunikationsanteil. Dieser Freiraum wird durch das deligative und zielorientierte Führungssystem mit Hilfe des BSC geschaffen.

Neue Einsatzfelder der BSC

Die Systematik der Balanced Scorecard erweitert das Feld der Controllingaufgaben deutlich. Eingesetzt wird die Balanced Scorecard inzwischen zur Planung und Steuerung
– im Krisenmanagement,
– im Qualitätsmanagement,
– in der Personalentwicklung,
– von Zielvereinbarungen,
– von Teams im Rahmen von teamorientierten Arbeitsstrukturen,
– des Projektmanagements,
– der Dienstleistungs- und Angebotsentwicklung.

In allen Einsatzfeldern hat sich die Kombination aus strategischer und operativer Zielfindung sowie stetiger Messung harter und weicher Faktoren bewährt. Ein weiterer Erfolgsbaustein ist sicherlich, daß die Einführung der Balanced Scorecard sehr kommunikationsorientiert ist und alle Ebenen eines Unternehmens einbezieht. Dadurch kommt es oft zu einer erstmalig systematischen Kommunikationsstruktur über Ziele und Strategien zur Zielerreichung unabhängig von Hirarchieebenen. Gerade dieser Austausch setzt internes Wissen frei, daß sich positiv auf das Gesamtunternehmen auswirkt. Besonders deutlich wird dieser Effekt der »Knowledge-Bomb« im Krisenmanagement, weil diese internen Potentiale oft genug einfach brach gelegen haben.

Balanced Scorecard in der Sozialwirtschaft und im Gesundheitswesen

Das System der Balanced Scorecard ist intiuitiv bekannt, so daß regelmäßig eine hohe Akzeptanz zu Beginn des Einführungsprozesses vorhanden ist. Gerade in Einrichtungen und Unternehmen der Wohlfahrtspflege sowie im Gesundheitswesen bekommt die Balanced Scorecard immer mehr Bedeutung. In fast keinem anderen Wirtschaftsbereich gibt es einen solchen schwierigen Spagat zwischen wirtschaftlichen und ideellen Anforderungen aus der Verbandstradition heraus zu lösen. Klassische Controllingsysteme versagen bei diesen Fragestellungen fast durchgehend. Die Balanced Scorecard bietet jedoch genau die Systematik, die die ideellen Zielsetzungen mit den Anforderungen nach Wirtschaftlichkeit und teilweise auch nach Profitabilität verbindet und Wirkungszusammenhänge darstellt. Hinzu kommt, daß durch die Konzentration auf die wettbewerbsrelevanten Ziele eine neue Kundenorientierung in den Einrichtungen entsteht, die oftmals alte Strukturen aufbricht. Patienten, Insassen, Bewohner, Klienten und andere Bezeichnungen werden durch den Begriff des Kunden – mit allen seinen Rechten und Pflichten – ersetzt. Für die Zukunftsfähigkeit der freien Wohlfahrtspflege ist dies ein wesentlicher Schritt. Eine besondere Bedeutung erhält die Balanced Scorecard bei der Mitarbeitermotivation. Gerade in der freien Wohlfahrtspflege arbeiten Führungskräfte und Mitarbeiter/innen, die mit ihrem Einsatz nicht nur einen eigenen materiellen Vorteil in Form eines hohen Gehalts erreichen wollen. Ein wesentlicher Aspekt für die Mitarbeiter/innen ist der ideelle Anteil ihrer Arbeit, der eine Zufriedenheit vermittelt, die in nur auf Profit ausgerichteten Unternehmen kaum zu erzielen ist. Jedoch kann das Ergebnis des persönlichen Einsatzes für die ideelle Zielerreichung bisher nicht nachgewiesen werden, so daß es regelmäßig zu einer inneren Unzufriedenheit der Führungskräfte und Mitarbeiter/innen kommt. Der oft in dieser Branche zu beobachtende Burn-out-Effekt ist unter anderem dadurch verursacht. Die Balanced Scorecard kann nun, richtig eingesetzt, genau die Motivation durch die Messung weicher Faktoren liefern. Zielerreichung abseits der materiellen Gehaltsziele sind damit meßbar und nachweisbar. Für die Mitarbeiterzufriedenheit ist dies eine wesentliche Voraussetzung. Diese ist wiederum eine wesentliche Voraussetzung für eine hohe Kundenzufriedenheit, ohne stetig am Gehalt nachbessern zu müssen. Auch können Zielvereinbarung abseits der harten materiellen Faktoren beschrieben werden, deren Erreichung im Rahmen einer leistungsorientierten Vergütung materiell belohnt wird.

Erfolgreich eingeführt wurde die Balanced Scorecard inzwischen in Einrichtungen der Behinderten-, Jugend- und Altenhilfe, in Bildungseinrichtungen sowie im Bereich der Krankenhäuser. Verbunden werden diese Einführungsprozesse oftmals mit einem schon etablierten oder in der Einführung befindlichen Qualitätsmanagements, da somit die gesetzlichen Anforderungen nach Qualität und Wirtschaftlichkeit am besten nachweisbar gemacht werden können.

Fazit

Die Balanced Scorecard ist nicht etwas völlig neues, sondern eine Fortentwicklung bewährter Systeme, bei denen die Nachteile nicht übernommen wurden. Erstmalig wurde es geschafft, ein ganzheitliches Managementsystem zu entwickeln, das den besonderen Anforderungen innovativer Unternehmen gerecht wird. Ein kontinuierlicher Verbesserungsprozeß, ausgerichtet auf die Strategie und Vision unter Einbindung der Mitarbeiter/innen, wird damit geschaffen.

Die Einführung der BSC ist kommunikationsorientiert. Ohne die Bereitschaft des Managements, die strategischen Ziele zu kommunizieren und zu diskutieren, wird die Einführung der BSC scheitern. Das Management erhält mit der Einführung neue Aufgaben, vergleichbar mit einem Trainer, der seine Mannschaft zu immer neuen Erfolgen motivieren muß. Dabei sind die strategischen Ziele vergleichbar mit dem Gewinn einer Meisterschaft und die Kennzahlen der BSC die dazu notwendigen erzielten Tore.

Literatur

Friedag, H. R.; Schmidt, W. (1999): Balanced Scorecard. Freiburg i. Br.

Weber, J.; Schäffer, U. (2000): Balanced Scorecard & Controlling Implementierung, 2. Aufl. Wiesbaden.

Ehrmann, H. (2000): Kompakt-Training Balanced Scorecard. Ludwigshafen.

Kaplan, R. S.; Norton, D. P. (1997): Balanced Scorecard. Stuttgart.

■ Axel Buschalla und Thomas Giernalczyk

Die Zukunftskonferenz als Initialzündung für neue Strategien

Die Zukunftskonferenz ist eine eigenständige Methode mit der verschiedene Organisationen, wie Gemeinden, Vereine, Verwaltungen und Firmen darin unterstützt werden, ihre zukünftige Entwicklung bewußt und aktiv zu gestalten. Sie ist ein Instrument, mit dem die Selbststeuerung komplexer Systeme unter Berücksichtigung zahlreicher Einflußfaktoren effektiviert wird.

In diesem Beitrag wollen wir uns einem speziellen Anwendungsfeld der Zukunftskonferenz zuwenden. Wir stellen dar, wie die Zukunftskonferenz als eine Methode der Unternehmensberatung zu verwenden ist und zeigen auf, für welche Situationen die Zukunftskonferenz und eine von uns modifizierte Form, die wir FutureModelling nennen, geeignet ist.

Unternehmensberatungen beginnen normalerweise mit einem Anruf, einem persönlichen Gespräch und mit einer mehr oder weniger diffusen Idee des Auftragegebers über das bestehende Problem im Unternehmen. So auch im folgenden Beispielfall.

ChipTronic – Praxisbeispiel zum FutureModelling

Die Firma ChipTronic (fiktiver Name) ist ein mittelständisches Unternehmen mit weniger als 100 Mitarbeitern. Chip-Tronic stellt elektronische Werkzeuge für die Chip-Produktion her und ist in Bayern ansässig. Der Firmengründer sitzt mittlerweile im Aufsichtsrat. Die Geschäftsführung wird von zwei Personen wahrgenommen, deren Loyalität und Sachkenntnis im Unternehmen anerkannt ist.

»Eigentlich sitzen wir an der falschen Stelle in der Welt«, so die strategische Analyse der beiden Geschäftsführer.»Wir müssen in den USA und in Asien präsent sein, denn dort sind die Zentren der Chip-Produktion.« Diese wesentliche Erkenntnis führte folgerichtig zu einer amerikanischen Niederlassung und einer Repräsentanz in Asien.

Der erste Termin und das weitere Vorgehen

Geschäftsführer: »Wir haben in unserem Haus starke Veränderungen durchgemacht. Im letzten Jahr hatten wir eine starke Fluktuation, die uns heute noch die Arbeit erschwert. Wir müssen gesunden, von innen heraus. Eigentlich reden die Leute untereinander auch zu wenig. Also, was empfehlen Sie uns?«

Aus dieser kurzen Darstellung können wir erste Hypothesen über die Ziele der Auftraggeber ableiten und konkretisieren:

1. Künftig sollen nicht mehr so viele Mitarbeiter die Firma verlassen wie bisher.
2. Die Kommunikation zwischen den Abteilungen soll sich verbessern.
3. In der Vergangenheit ist etwas geschehen, wovon sich die Organisation erholen muß oder will.

Im Gespräch bestätigen die Geschäftsführer diese Ziele und Hypothesen durch weitere Hintergrundinformationen und Aspekte:»Wir wollen in Zukunft wirtschaftlichen Erfolg durch (internen) Konsens erzielen.«

Damit stellt man eine Überlegung vor, die den Konsens der Mitarbeiter ins Zentrum setzt. Alle Mitarbeiter sollen die Ziele des Unternehmens unterstützen, dies sei bislang nicht gegeben. Derzeit gebe es eher Inseln, die für sich unabhängig existierten. Auf unsere Frage, an welcher Krankheit die Firma leide, antwortet der Marketing-Manager: die »Krankheit« des Unternehmens sei »Morbus individualis«.

Die bis hierher gesammelten Informationen lassen sich folgendermaßen zusammenfassen: Die Geschäftsführung will (a) etwas »Neues« schaffen und (b) dabei möglichst viele Mitarbeiter einbeziehen und gewinnen.

Diese Zielsetzungen sprechen dafür, den Ansatz der Zukunftskonferenz als Arbeitsdesign zu wählen, da drei elementare Voraussetzungen für eine Zukunftskonferenz gegeben sind:

1. Die Führungsspitze hält eine echte Veränderung für notwendig.
2. Bei dieser Veränderung sollen die Mitarbeiter explizit mit einbezogen werden.
3. Die Führungsspitze ist noch nicht völlig auf die Art der Veränderung festgelegt.

Der FutureModelling-Workshop muß in Kooperation mit dem Unternehmen vorbereitet werden

Dafür wird eine Gruppe von Projekt-Team-Mitgliedern eingerichtet. Sie hilft organisatorisch den kommenden Workshop vorzubereiten und stellt weitere Hintergrundinformationen zur Verfügung, um die Fragestellungen für die einzelnen Workshop-Schritte präzise formulieren zu können. Diese Vorbereitungen dienen auch dazu, Wissen über die »Abteilungs-Inseln« aufzubauen und einen ersten Gesamteindruck über das Unternehmen zu erreichen. Die Einladung an die Teilnehmer enthält allgemeine Rahmenbedingungen und Ziele, die mit dem vorgesehenen Zwei-Tage-Workshop beabsichtigt sind.

Mit einem Fragebogen bitten wir die Teilnehmer, aktuelle externe Trends zu erfassen sowie wesentliche Zukunftsaspekte abzuleiten, die während des Workshops in verschiedenen Schritten verwendet werden. Der Fragebogen ist ein wichtiger Bestandteil, mit dem der Ablauf des Workshops gestrafft werden kann. Dadurch, daß sich die Teilnehmer vorbereiten, können wir die Phase »externe Trends« während des Workshops kürzer gestalten.

Kurz vor dem Workshop gibt es noch einen weiteren Termin, der für Interviews vorgesehen ist, um weitere Details aus den jeweiligen Abteilungen zu erfahren und wesentliche Repräsentanten kennenzulernen.

Arbeitsschritte im FutureModelling

Die Standardversion der Zukunftskonferenz besteht aus sechs Schritten und umfaßt zweieinhalb Tage, die modifizierte Kompaktversion des FutureModelling nur zwei Tage.

Mit jedem Arbeitsschritt wird ein Stück mehr gemeinsame Basis entwickelt, die am Ende zur Zusammenarbeit aller Beteiligten bei der Umsetzung von gemeinsamen Zielen führt.

Der Ablauf wird in großen Gruppen von einem Planungsteam fortlaufend präzisiert und angepaßt. Dies gilt insbesondere für die Formulierungen der Arbeitsaufgaben und der beabsichtigten Ergebnisse, die sich auf die aktuelle Situation oder Ausgangslage beziehen.

1. Arbeitsschritt: Rückblick in die Vergangenheit: Das Familienalbum – Wo kommen wir her?

Wir vergleichen diese Arbeitsphase mit dem Lesen eines Familienalbums. Es können noch so große Streitigkeiten bestehen, sobald man in die gemeinsame Vergangenheit blickt, entwickelt sich eine typische Stimmung (»Weißt du noch, damals als wir...«) und führt zu der Entdeckung, daß alle schon sehr lange in einem Boot sitzen und schon viel gemeinsam erlebt und gemeistert haben. Durch diesen Arbeitsschritt findet eine erste Fokussierung auf Gemeinsames statt und läßt Unterschiede und Konflikte in den Hintergrund treten.

Gerade die jungen Mitarbeiter sind an diesem Abschnitt sehr interessiert und neugierig, weil sie einige Aspekte bislang nicht oder nur in Bruchstücken oder Andeutungen kennen. Die altgedienten Mitarbeiter/Kollegen können aus dem Nähkästchen plaudern und sind ihrerseits gelegentlich überrascht, was die anderen offensichtlich nicht wissen.

Um mögliche Widerstände in Gruppen zu berücksichtigen, die dadurch entstehen, daß Effizienz mit Hast verwechselt wird, leiten wir diese Phase manchmal mit der Formulierung ein: Nur wer seine Vergangenheit kennt, hat eine Zukunft, die er gestalten kann.

2. Arbeitsschritt: Untersuchung des Umfelds: Welche Trends, Entwicklungen und Ereignisse werden unser Umfeld prägen?

In diesem Schritt lenken wir den Blick bewußt nach außen. Wir leiten einen Wechsel der Perspektiven ein.

In der Einladung weisen wir bereits darauf hin, indem wir die Teilnehmer bitten, Zeitungsartikel, Literatur, News oder Produkte aus den jeweiligen Themenbereichen mitzubringen.

In einer FutureModelling-Konferenz, in der sich die Teilnehmer noch nicht kennen, kann man mit einem Mind Map arbeiten, das wir als Wand-Technik einsetzen. So lernen die Teilnehmer noch besser ihre unterschiedlichen Sichtweisen der Situation kennen. Dabei werden die Trends mit Markierungspunkten an der Wand gewichtet und als Hauptrends aus Sicht der Mehrzahl der Teilnehmer erkennbar.

Wir bevorzugen in der Kompaktversion eine Variante, die den einzelnen Teilnehmergruppen Gelegenheit gibt, sich schon vor der Konferenz mit dieser Fragestellung zu beschäftigen und die eigene Position als Kurzreferat darzustellen.

Die Vorteile liegen in der geringeren Ermüdung der Teilnehmer und in einem höheren Arbeitstempo, das bei der Zwei-Tage-Version nötig ist, um am zweiten Tag für die Aktionsplanung genügend Zeit zur Verfügung zu haben. Außerdem beschäftigen sich die Teilnehmer mental schon vorher mit der Zukunft des Unternehmens und kommen so bereits eingestimmt in die Veranstaltung.

3. Arbeitsschritt: Betrachtung der Gegenwart: Worauf sind wir stolz, was bedauern wir?

Das didaktische Ziel besteht darin, der Tendenz zu einer linearen Problemlösung entgegenzuwirken. Eine lineare Sichtweise reduziert die Zukunftsmöglichkeiten und die der Kreativität, die wir systematisch entwickeln wollen.

Zum anderen gibt die Frage, worauf die Teilnehmer stolz sein können und was sie bedauern expliziten Raum für Emotionalität und Intuition. Beide Aspekte spielen für eine kreative Zukunftsgestaltung eine oft unterschätzte Rolle. Wer sie außer acht läßt verschenkt eine Erlebniskomponente.

Als Moderatoren müssen wir darauf hinweisen, daß die Teilnehmer darstellen sollen, was sie an ihrem eigenen Handeln bedauern, nicht, was die anderen versäumt haben! Denn es besteht die Gefahr, daß diese Arbeitseinheit zur verdeckten Abrechnung funktionalisiert wird.

4. Arbeitsschritt: Entwicklung der Vision: Was wollen wir gemeinsam bis wann erschaffen?

Die Teilnehmer sollen ihr Zukunftsmodell entwickeln und sich dabei zum Beispiel nicht von Fragen nach Kosten oder technischer Machbarkeit begrenzen lassen.

»Wagen Sie zu träumen« heißt die Devise und unsere Instruktion. »Stellen Sie Ihr Zukunftsmodell in Form eines Sketches, einer Filmsequenz oder wie auch immer vor, und lassen Sie uns alle teilhaben an Ihren Vorstellungen der gewünschten Zukunft.«

Es folgt die Umsetzung anhand verschiedener Materialien, die das Arbeiten an diesen Themen erleichtern, wie Krepp-Papiere in verschiedenen Farben, Scheren, Plakatkartons oder Fotokartons – Material, das die Kreativität anregt. Die Präsentationen im Plenum schließen sich an.

5. Arbeitsschritt: Herausfiltern der Zukunftsübereinstimmungen: Welche Ziele, Ideen und Vorstellungen werden von allen getragen?

Wir bitten schon während des vorherigen Arbeitsschritts aus jeder Tischgruppe einen Beobachter abzustellen, der während der Präsentationen wesentliche Themen und insbesondere Aspekte notiert, die in mehreren oder allen Vorstellungen Inhalt sind.

Die Zukunftskonferenz als Initialzündung   **117**

Nach den oft emotional aufgeladenen Präsentationen arbeiten zwei Gruppen gemeinsam. Dieser Schritt erfolgt, indem zwei Tischgruppen die Themen gemeinsam reflektieren und somit einen ersten »kleinen« Konsens erreichen.

Haben vier Gruppen ihre Visionen präsentiert, bleiben nach dieser Phase noch zwei Meinungsschwerpunkte, die nachfolgend im Plenum zum Konsens geführt werden sollen. Dieser Arbeitschritt dient somit auch der Reduktion von Komplexität.

Der folgende Schritt erfolgt im Plenum und weist den Moderatoren eine stark strukturierende Funktion zu. Unsere wichtigste Aufgabe besteht darin zu klären, was Konsens ist oder welche Statements konsensfähig werden könnten.

So müssen wir auch die Themen benennen, die nicht konsensfähig sind. Diese Themen werden auf einer Pinwand mit dem Titel »unüberwindbare Gegensätze« oder »jetzt nicht konsensfähig« gesammelt. Methodisch geht es darum, die konsensfähigen Themen hervorzuheben, denn diese bilden weiterhin die Basis für daraus abzuleitende Maßnahmen.

Die konträren Themen, die durchaus fruchtbar und innovativ sein können, dürfen in dieser Phase nicht überhand nehmen, denn dies würde eine eher fatalistische Stimmung fördern.

Insgesamt ist diese Arbeitsphase von großer Bedeutung und nicht immer leicht zu leiten: Unterstrukturierung erhöht die Frustration der Teilnehmer. Manchmal ist es dabei auch nötig, dominante Teilnehmer, die sehr raumgreifend Einzelaspekte vertreten, zu bremsen. Überstrukturierung und zu frühes Abkürzen von Diskussionen senkt dagegen die Motivation der Diskutanten.

Es geht seitens der Moderatoren darum, inhaltlich notwendige Themen von mehr persönlichen Steckenpferden zu trennen. Ziel des angedeuteten Balanceakts ist letztlich eine große Gruppe von mehreren Dutzend Personen arbeitsfähig zu halten!

Waren die Präsentationen der Visonen emotional und vom Alltagsgeschäft losgelöst, kommen in diesen Diskussionen wieder mehr gegenwärtige Sichtweisen und Problemlagen zum Tragen, was auch alte Differenzen wieder anklingen läßt.

6. Arbeitsschritt: Ableiten von Maßnahmen und Aktionen: Was wollen wir jetzt konkret tun?

Wenn Übereinstimmungen und gemeinsame Ziele diskutiert und entschieden worden sind, gibt es in dieser Phase der konkreten Aktionsplanung meistens keine Schwierigkeiten, weil die Teilnehmer jetzt gern für ihre zukünftige Wirklichkeit aktiv sein wollen.

Die Moderatoren sorgen dafür, daß ein Verantwortlicher für ein Thema gefunden wird, dann finden sich rasch andere, die mitarbeiten. Die Gruppen werden an einer Pinnwand ausgehängt.

Weiterhin wird stichwortartig festgehalten, welche Maßnahmen durchgeführt werden sollen und woran der Erfolg dieser Arbeitsgruppe in drei Wochen, drei Monaten oder drei Jahren gemessen werden kann.

Oft ist es günstig zu klären, ob die Teilnehmer des FutureModelling in drei bis sechs Monaten eine kurze Veranstaltung mit den Moderatoren durchführen wollen, in der das bisher erreichte präsentiert und kritisch gewürdigt werden kann.

In der Abschlußrunde erhalten alle Teilnehmer die Gelegenheit, ihre derzeitige Stimmung und ihre Bewertung der Veranstaltung – ohne Diskussion – mitzuteilen.

Literatur

Weisbord, M. R. (Hg.) (1992): Discovering Common Ground. San Francisco.
Weisbord, M. R.; Janoff, S. (1995): Future Search: finding common ground for action in organizations and communities. San Francisco.

■ Brigitte Zeier

Entwicklung der Betrieblichen Sozial-arbeit im Change Management eines elektrotechnischen Unternehmens

Einführung

Dieser Beitrag beschreibt die Entwicklung der Betrieblichen Sozialarbeit im Siemens-Konzern zwischen 1993 und 1998. Die Schritte der Veränderung vollzogen sich in einer fundamentalen Abkehr von klassischen Vorstellungen der Fürsorge in der sozialen Arbeit. Wirtschaftlichkeit und Effizienz hielten in einem Dienstleistungsbereich Einzug, der seine Daseinsberechtigung eher mit altruistischen und ethischen Argumenten als mit Kosten- und Nutzenerklärungen begründete.

Der nachfolgend geschilderte Prozeß wird zunächst hinsichtlich des politischen, wirtschaftlichen und sozialen Umfelds des Unternehmen eingeordnet. Die tiefgreifenden Veränderungen der gesamten Welt führten auch im Hause Siemens zu einem starken Anpassungsdruck, der im Rahmen großer Change-Management-Prozesse umgesetzt wurde.

Der Zusammenbruch des Sozialismus hat die Marktsituation für große und mittelständische Unternehmen grundlegend verändert und mit der völligen Öffnung der Ostmärkte den Weg zum Global-Player eröffnet. Weltweit wurden immer mehr Handelsbarrieren abgebaut, Märkte weniger geschützt und damit der Wettbewerb verschärft. Neue Konkurrenten – vorrangig aus Asien – sind hinzugekommen. Gegenüber den etablierten Anbietern haben sie oft den entscheidenden Vorteil, daß sie sich gleich so strukturieren können wie es ihr Geschäft verlangt, gewachsene Strukturen behindern sie nicht. Inzwischen kann alles von überall her bezogen werden und Kostenunterschiede stehen unter besonderer Betrachtung. Die Folge ist, daß die Firmenanbieter aus Hochlohnländern Mischkalkulationen anstellen und Teile ihrer Wertschöpfung in Niedriglohnländer verlagern. Kürzere Produktionszyklen und Vorlaufkosten zwingen vor allem multinational operierende Konzerne – so auch die Siemens AG – zur weltweiten Vermarktung ihrer Produkte.»Made in Germany« allein genügt nicht für die Kundenzufriedenheit, vielmehr erwarten die Kunden – da sie sich auch weltweit engagieren – eine globale Betreuung, die über Vertrieb und Service hinausgeht.

Strukturanpassung an das internationale Geschäft

In der Vergangenheit wurde das Weltgeschäft der Siemens AG vom Stammhaus Deutschland aus gelenkt. Hier wurde nicht nur die Strategie für die Geschäftsfelder festgelegt, sondern auch, welche Produkte für welchen Markt entwickelt und gefertigt wurden. Produziert wurde gleichfalls vorzugsweise in Deutschland und von hier aus auch exportiert. Verkauf und Verteilung war Aufgabe der Landesgesellschaften (z.B. Großbritannien, USA). Im Zeitalter der Globalisierung jedoch mußte dieses Stammhaus – das von Deutschland aus weltweit alles lenkte und koordinierte – seine Rolle ändern und Funktionen abgeben. Natürlich werden zentrale Funktionen wie etwa Grundlagen der Personalstrategien, Forschung, Geschäftsfeldplanung weiterhin an einem Ort gebündelt. Das muß aber nicht zwangsläufig in Deutschland geschehen, sondern dort, wo es aufgrund von Know-how, Kunden und Kosten am sinnvollsten erscheint.

Wenn der Aufwand für die bloße Verwaltung der Arbeitsteilung (Taylorismus) schneller wächst als die Zahl zu steuernder Einheiten, dann ersticken diese wuchernden Verwaltungen ab einem gewissen Punkt an ihrer inneren Komplexität. Wachsende Reibungsverluste an immer zahlreicheren Schnittstellen bedeuten einen immer höheren Anteil an Selbstbeschäftigung der in Unbeweglichkeit mündet, so daß auf Veränderungen des

Umfelds nicht mehr angemessen reagiert werden kann. Non-Profit-Organisationen, politische Institutionen, Parteien und Verbände liefern reichhaltiges Anschauungsmaterial für solche Gefahren.

Umgekehrt können vor allem hart umkämpfte Märkte gutes Anschauungsmaterial dafür abgeben, wie man es besser machen kann. Gerade in den frühen 90er Jahren wurde am Beispiel IBM deutlich, wie schnell noch vor kurzem gefeierte »High Flyer« zu Dinosauriern wurden, Verluste in Milliardenhöhe erwirtschafteten und Personal in Massen entlassen mußten. Hierbei handelte es sich nicht um eine behauptete globale EDV-Krise. Das konnte an den Erfolgen beweglicherer Konkurrenten wie etwa Hewlett-Packard, Sun oder Apple widerlegt werden.

Das läßt den Schluß zu, daß der Zusammenhang von Unternehmens-, Führungskultur und Innovationsfähigkeit in enger Korrelation zum Gedeih oder Verderb der Firmen steht.

Das Change-Management in der Personalpolitik der Siemens AG

Mit »top« (time-optimized-processes) leitete die Siemens AG Anfang der 90er Jahre und im weiteren »top+« ein für das Gesamtunternehmen verbindliches »wirtschaftliches Fitnessprogramm« ein. Die Strategie dabei war top-down, die Strukturen mittels Teamarbeit, Arbeitszeitmodellen und Entlohnungssystemen zu gestalten sowie bottom-up, »Kontinuierliche Verbesserungsprozesse« (KVP), konsequente Ausrichtung auf den Kunden und die persönlichen Freiheitsgrade zu vergrößern. Das bedeutete aber auch, daß der Grad an Eigenverantwortlichkeit für die Mitarbeiter wuchs. Ein Blick durch den Konzern heute zeigt, daß Siemens zwischen den Phasen »patriachische Regeln und Regularien« einerseits und andererseits im globalen Netzwerk, das Mitarbeiter miteinander verbindet, steht. Das Neue kann jedoch nicht gelebt werden, ohne die entsprechenden Fähigkeiten und einer entsprechenden Führungskultur. Dafür wurde das Leitbild 1997 als Basis für den Weg zur neuen Führungskultur anläßlich der 150 Jahrfeier des Konzerns vorgestellt. Es bildet eine gemeinsame Wertebasis für alle Mitarbeiter und sorgt damit für ein gleichartiges Geschäftsverständnis. Ein einheitlicher Werte- und Verhaltenscodex schafft eine gemeinsame Vertrauensbasis, auf der sich dann weltweit erfolgreicher zusammenarbeiten läßt. Um ein global möglichst gleichgerichtetes Denken und Handeln zu schaffen, wurden die Personalentwicklungs- und Führungsinstrumente konsequent am Leitbild ausgerichtet.

Leitbild	*Führungsrahmen*
– Kundennutzen	– Zielvereinbarungen
– Innovation	– Führungsgespräch
– Erfolgreich wirtschaften	– Dialoginstrument:
– Führungsqualität	Entwickeln, Fördern,
– Lernen	Anerkennen
– Zusammenarbeiten	– Managementlearning
– Gesellschaftliche	– Konsequentes Handeln
Verantwortung	

Aber: Nur wenn das Leitbild konsequent in die Praxis umgesetzt wird, kann es positive Auswirkungen auf die Unternehmenskultur und vor allem auf die Steigerung des Unternehmenswerts haben. Die Herausforderung lag und liegt in der Fähigkeit, Unternehmensrealität mit den Wertvorstellungen und Potentialen der Mitarbeiter in die Balance zu bringen.

Dazu verhilft in der Siemens AG der seit 1998 für alle Mitarbeiter transparente und gültige Führungsrahmen, in dem die Unternehmensleitung im wahrsten Sinne des Wortes den Rahmen vorgibt und über das gesamte Unternehmen hinweg ein gemeinsames Grundverständnis besteht, was Qualität in der Führung bedeutet.

Und die Führungsqualität soll natürlich gezielt verbessert werden. Ohne Führungskompetenz läßt sich kein nachhaltiger Geschäftserfolg erzielen. Es ist eine Binsenweisheit: Nur was gemessen wird, kann auch gezielt verbessert werden. So enthält der Führungsrahmen 18 Kriterien, die praxisnah beschrieben sind. Das bedeutet, daß in der Siemens AG unternehmensweit die Kompetenz und Leistung von Führungskräften gemessen wird.

Führung und Personalarbeit im Wandel

Wer heute Führungskraft werden und bleiben will, kann dies nicht mehr nur allein auf der Grundlage seiner Fachkenntnisse tun. Betrieblicher Wandel und neue Konzepte stellen erhebliche Anforderungen an die Führungsfähigkeiten.

Gefordert ist der richtige Mix aus »hard- und soft-facts«. Führungskräfte müssen hinter ihren Mitarbeitern stehen, in schwierigen Situationen Orientierung geben, sensibel Konflikte wahrnehmen und regeln, Mitarbeiter fördern und eigene innere Zielkonflikte bewältigen. Sachverhalte müssen sie aus verschiedenen Blickwinkeln betrachten können und in komplexen Situationen handlungs- und entscheidungsfähig bleiben. Zudem haben sie immer auch eine Vorbildfunktion.

Das Zusammenspiel von Personal- und Organisationsentwicklung gemeinsam mit psychologischen und psychosozialen Fachdiensten im Unternehmen sichert langfristig wirtschaftliche und emotionale Qualitäten im Unternehmen. Diesen Ansatz verfolgt die Siemens AG verstärkt in den neunziger Jahren mit einer modernen Personalarbeit, in deren Prozesse die Betriebliche Sozialarbeit eingebunden ist.

Betriebliche Sozialarbeit (BSA) in der Siemens AG: Ausgangssituation mit vagem Auftrag

Im April 1992 übernahm ich in der Zentralen Personalorganisation (ZP) in München die Fachleitung der BSA mit dem Auftrag der Unternehmensleitung, neben den Grundsatzaufgaben Richtlinienkompetenz, Fachberatung für die ZP auch die Beziehungen zwischen Zentrale und dezentralen Sozialberatungen

(85 mit Tochtergesellschaften und Beteiligungsgesellschaften) mit neuem Leben zu versehen.

Die »Welt der Sozialberatungen« war noch in Ordnung, obwohl sie als exotischer Fachdienst in einem durch und durch technisch orientierten Unternehmen galt.

Die Personalleitungen waren (und sind) die disziplinären Vorgesetzten. Die Sozialberatungen sind eine freiwillige soziale Leistung des Unternehmens für alle Mitarbeiter, deren Angehörige und Pensionäre. Die Sozialberatungen arbeiten auf der Grundlage einer Betriebsvereinbarung, in der Grundsätze, Aufgaben sowie Rahmenbedingungen festgelegt sind (z.B. wegen Einhaltung der Schweigepflicht § 203 StGB, benötigt jede Sozialberatung einen eigenen Arbeitsraum, in dem vertrauliche Gespräche geführt werden können). Ebenso sind die Mitwirkungsrechte der Fachleitung niedergeschrieben.

Im ersten Jahr war meine Hauptaufgabe das Kennenlernen aller Sozialberatungen, deren Personalleitungen, Werk- und Standortleitungen sowie der Kooperationspartner der BSA, z.B. Gesamtbetriebsrat, örtliche Betriebsräte, Betriebsärzte. Bei diesen Rundreisen wurde ich immer wieder nach den neuen Akzenten gefragt, die ich setzen wolle. Meine Antwort war, daß ich glaube, daß die Sozialberatung mehr in die Gruppenarbeit einsteigen müsse. Zum einen als erweiterte Methode der Sozialarbeit und zum anderen für die – gerade nach Segmentierungen in den Produktionen – von der Firma wieder neu aufgenommene Gruppenarbeit, teilautonome Gruppen, KVP-Gruppen (Kontinuierlicher Verbesserungsprozeß). Die Meinungen in den Betrieben (Personal- und Werksleitungen) waren unterschiedlich. Ein Drittel begrüßte die neue Initiative, ein Drittel signalisierte mir »Schuster bleib bei deinem Leisten«, und das restliche Drittel ließ sich nicht auf solche Diskussionen ein. Treffend beschreibt die damalige Situation der Satz eines Personalleiters, der meinte: »Meine Sozialberatung ist dann gut, wenn ich sie nicht sehe und höre.« Eine für die BSA ungute Aussage, denn sie belegt, daß im Unternehmen nicht bekannt war, was die Sozialberatung eigentlich macht.

Eines fiel mir besonders auf: Fast jeder im Unternehmen gab

mir zu verstehen, daß er ja auch Sozialarbeit mache (eine häufige Aussage der örtlichen Betriebsräte, aber auch der Personalberater) und daher genau wüßte, was und wie wir Sozialarbeit zu machen hätten.

Mein Ziel, das ich mir gesetzt hatte, war, die BSA dem Unternehmen transparent zu machen, damit es die Professionalität und den Wert dieser Arbeit erkennen und schätzen lernen kann. Aussagen wie »dieser Sozialklimbim« oder »ihr produziert ja nichts und kostet nur« wollte ich aufgrund meiner nahen Anbindung zum Personalvorstands und mit der Erstellung eines konzeptionellen Re-Designs widerlegen.

Ende 1992/Anfang 1993 wurden im Zentralvorstand die ersten Vorüberlegungen zur Restrukturierung des Konzerns gemacht. Im Unternehmen hörte ich immer wieder Sätze wie: »Braucht die Siemens AG eine Sozialberatung? Die könnten wir doch genauso gut an die Caritas oder Diakonie nach außen abgeben.«

Die ersten sich dazu abzeichnenden Folgen waren durch Trennung von Grundsatzaufgaben und sogenannten Dienstleistungen eine »Effizienz« in den Prozessen zu erreichen. Mein erster im Frühjahr 1993 dazu verfaßter Konzeptentwurf kam jedoch mit der Bemerkung zurück: »Für wen ist dieses Opus bestimmt?« Das bedeutete, daß die Unterneh-mensleitung die bevorstehenden Veränderungen noch gar nicht den Mitarbeitern mitteilen wollte.

Gleichzeitig begann ich mit allen Sozialberatungen, die unter Federführung von mir sich mindestens zweimal jährlich zum fachlichen Erfahrungsaustausch in sechs Gruppen der jeweiligen Regionen trafen, die möglichen Auswirkungen des sich abzeichnenden Struktur- und Kulturwandels im Hause Siemens auf die BSA zu diskutieren. Mein Hinweis, daß die Globalisierung und die geplanten Restrukturierungen auch die Arbeitsplätze der BSA bedrohen könnten, wurden von fast zwei Drittel der Sozialberatungen eher als Angstmacherei und persönliche Einstiegsprofilierung aufgefaßt. Meine Hinweise, daß wir als Institution (immerhin 85 Sozialberatungen) zu diesem Zeitpunkt doch gestaltend unsere Arbeit definieren könnten und daß das immer besser sei als nur noch Anweisungen oder Beschlüsse auszuführen, wurden nicht aufgegriffen. Es formierte sich ein erheblicher innerer Widerstand in der gesamten Berufsgruppe mit unterschiedlichen Ausprägungen. Auffallend war, daß die Widerstände bei den Sozialberatungen am stärksten waren, die den Verlust ihrer fast autarken Arbeitsweise befürchteten. Hinzu kam, daß viele der Mitarbeiter bereits seit zwei bis drei Jahrzehnten an ein und dem selben Standort beschäftigt waren. Dort war zu dieser Zeit von Lean-Management und Lean-Production noch wenig zu hören.

Ich konnte die Ängste und Befürchtungen gut nachvollziehen, denn in der Zentrale war deutlich zu bemerken – ohne daß es schon öffentlich kommuniziert wurde –, daß zu diesem Zeitpunkt niemand vor grundlegender Veränderung sicher war. Eines wurde jedoch immer wieder in allen Diskussionen laut, daß es früher schon häufiger Umorganisationen von seiten der Unternehmensleitung gegeben hatte. Die Konsequenzen waren aber meist nicht Personalentlassungsmaßnahmen, sondern es war möglich, auf dem angestammten Platz zu verbleiben oder kurzzeitig versetzt und wieder auf den alten Platz zurückzukommen, befördert zu werden oder im Unternehmen eine andere Aufgabe zu übernehmen.

Es war eher so, daß das allgemeine Verhalten von Führungskräften und Mitarbeitern sich darin ausdrückte, daß ihre vorherrschende Meinung war: Das gab's schon immer. Am besten man verhält sich ruhig, fällt nicht auf, dann geht der Kelch an einem vorüber. Es kursierte noch ein anderer Spruch: Der Baum mit den Raben wird mal wieder geschüttelt. Alle Raben fliegen hoch und setzen sich dann wieder auf die Äste.

Ich schätzte die Situation jedoch so ein, daß Siemens dabei war, den Konzern durch strukturelle und personelle Maßnahmen völlig neu zu gestalten, also für den globalen Wettbewerb fit zu machen. Das würde grundlegende Veränderungen mit sich bringen, die es bislang nicht gegeben hatte und die sich niemand so richtig vorstellen konnte.

Meine Überzeugung, die Berufsgruppe »Sozialpädagogen« müsse doch eine gemeinsame berufspolitische Identifikation haben, um sich auf derartige Veränderungen einzustellen, erfüllte sich nicht. Begründung hierfür ist sicher, daß fast alle Sozialberatungen allein an einem Standort arbeiten. Wo mehr als eine Mitarbeiterstelle aufgrund der Größe des Standorts vorhanden ist, gab es trotzdem keine Teamarbeit. Denn jeder hatte seine zu betreuenden Bereiche, so daß die Arbeit im Team nicht notwendig erschien. In einer Hinsicht war die BSA bereits modern, denn sie hatte das Prinzip »one face to the customer«, wenn auch nicht so bewußt, bereits erfüllt. Manchmal hatte ich den Eindruck, daß das Einzelkämpfertum von den Sozialberatungen ähnlich einer besonderen Auszeichnung ins Feld geführt wurde.

Gegen Teamarbeit oder eine gemeinsame Institution sprach auch, daß jede Personalleitung, die ja die Kosten für die Sozialberatung trägt, sich mal mehr, mal weniger nach dem Prinzip verhielt: Wer zahlt, bestimmt die Bedingungen der Arbeit. Das verstärkte Abhängigkeiten von den jeweiligen Personalleitungen.

Außerdem hatte die Zentrale schon immer bei den Dezentralen keinen leichten Stand. Häufig mußte ich hören, daß »die in München, die bei der Zentralen Personalabteilung« leicht reden würden und vom realen Geschäft keine Ahnung hätten. Dennoch war der Zwiespalt verständlich, in dem die Sozialberatungen steckten, nämlich der Loyalitätskonflikt zwischen mir als Fachvorgesetzter und dem disziplinären Vorgesetzten, der ja im wesentlichen die Bezahlung, sprich Förderung, in Händen hält.

Veränderungsschritte der BSA –
Die konkrete Auftragsformulierung durch
die Unternehmensleitung

1994/95 wurde die Zentrale Personalabteilung (ZP) unter einem neuen Personalvorstand völlig neu strukturiert. Aus 32 Abteilungen und 12 Hauptabteilungen blieben durch das Effizienz-Programm »top« (time-optimized processes) aus vielen Hierarchiestufen nur noch drei Stufen, und die Abteilungen wurden in neun themenbezogene Fachgebiete mit je einem Fachgebietssprecher, die gleichzeitig den Leitungskreis mit dem Personalvorstand bildeten, zusammengefaßt.

Die Mitarbeiter wurden Fachexperten teilweise mit eigenen Budgets und wesentlich mehr Eigenverantwortung. Den Weg zum Personalvorstand konnte jeder ZP-Mitarbeiter direkt gehen, ohne daß er wegen ungebührlichen Übergehens von Hierarchien getadelt wurde. Während eines Gesprächs mit dem Personalvorstand bezüglich eines an ihn gesandten Konzepts zur Prävention von Suchterkrankungen durch eine Privatklinik fragte er abschließend nach der Arbeit der Sozialberatungen vor Ort. Ihm persönlich war aus seiner Zeit als Bereichsvorstand die örtliche Sozialberatung noch bekannt. Das gab mir die Gelegenheit, ihn aufgrund der sich abzeichnenden Veränderungen zu fragen, ob eine Firma wie die Siemens AG wirklich in Erwägung zieht, qualifizierte Mitarbeiter und Mitarbeiterinnen, die fast alle eine Zusatzausbildung haben, freizusetzen. Ich erklärte ihm kurz die Inhalte der Ausbildung und daß unsere größte Stärke die sei, daß wir in Gesprächstechniken bestens ausgebildet sind. Siemens würde in den Standorten Ingenieure und andere in drei Tagen zu Moderatoren für Gruppen ausbilden, denen aber im wesentlichen die Kenntnisse über Prozesse und Dynamik in Gruppen völlig fremd seien. Ich schloß meine zweite Frage an: »Warum nutzt Siemens nicht die vielfältigen Ressourcen der Sozialberatung, das würde erhebliche Kosten sparen?« Die Antwort war: »Das habe ich nicht gewußt. Aber, Sie haben ja Recht, wenn das so ist, erarbeiten Sie ein entsprechendes Konzept.« Sehr klar kam auch die wörtliche Botschaft bei mir an: »Mit der Individualberatung allein wird die Sozialberatung in der Zukunft im Unternehmen nicht überleben. Sie muß letztendlich wirtschaftlich und der Nutzen für das Unternehmen deutlich sein.«

Das war der Auftrag, der notwendig war, um die Veränderungen in der Betrieblichen Sozialarbeit einzuleiten. Ich berief eine Projektgruppe aus verschiedenen fachlichen Disziplinen ein: einen Personalleiter, eine Betriebspsychologin, einen Sozialberater. Mein damaliger Vorgesetzter und ich leiteten die Gruppe.

Das Ergebnis wurde an die örtlichen Personalleitungen und

die Leiter der Referate Personal mit der Bitte um Ergänzungen oder Anregungen versandt. Mit den eingearbeiteten Wünschen und Empfehlungen der Standorte und dem Hinweis, daß bei Verstärkung der Kernaufgaben der Beratung und Betreuung es sinnvoll sei, eine eigene Software sowie den Einsatz von PCs bereits jetzt rechtzeitig mit einzuplanen, setzte der in verschiedenen Ebenen verlaufende Änderungsprozeß der BSA ein. Das ließ Blockaden nicht weichen, sondern eher verstärken, sowohl auf seiten der Personalorganisationen als auch der Sozialberatungen.

Ich erlebte Spaltungen in der Gruppe der Sozialberatungen. Die Rückmeldungen zu anstehenden Veränderungen war durch starkes Mißtrauen sowohl mir als auch der zentralen Personalabteilung gegenüber geprägt. Daß plötzlich Geld und Wirtschaftlichkeit ein Beurteilungskriterium für die Sozialarbeit sein sollten, fand man ungehörig und unpassend. Außerdem waren die Sozialberatungen überzeugt, daß man den finanziellen Nutzen ihrer Arbeit nicht darstellen könne. Es kam die Zeit der wilden Spekulationen und in den Phantasien der Sozialberatungen verfügte ich über eine Macht, die ich gar nicht hatte. Ich wurde als Auslöser dieser Veränderungen identifiziert, und so hörte ich auf Umwegen immer wieder, ich hätte voreilig dem Personalvorstand geflüstert, daß die BSA verändert werden müßte. In Auseinandersetzungen in den Arbeits- und Regionalgruppen wurde immer wieder versucht, mit mir getroffene Vereinbarungen zu boykottieren – oft mit Zustimmung des Personalleiters –, indem man etwa erklärte, eine Dokumentation der in einem Geschäftsjahr geleisteten Arbeit sei zu aufwendig. »Der von mir am Ende des Geschäftsjahres zu erstellende anonymisierte Jahresbericht sei ja wohl nur für mich und die zentrale Personalabteilung wichtig.« »Der Standort und die Chefs wüßten, was sie arbeiten.« Ich würde die »Sozialarbeit verraten«, indem ich die Einzelfallhilfe abschaffen wolle, weil ich für die Gruppenarbeit plädierte.

Besonders die älteren, oft bis zu zwei oder drei Jahrzehnten am selben Standort tätigen Sozialberatungen empfanden diese Entwicklung als massive Abwertung ihrer bisher geleisteten Arbeit. Dieser Widerstand führte dazu, daß die Realität durch die Kollegen nur sehr einseitig wahrgenommen wurde. Hatte ich bis dahin gehofft, Veränderungen im Konsens zu erreichen, mußte ich einsehen, daß dies nicht möglich war.

Für mich bedeutete das, mein Vorgehen und die Form meiner Kommunikation zu verändern, denn ich erlebte immer häufiger, wie meine Argumentationen im Dialog ihre Kraft verloren. Hinzu kam, daß durch die Aufteilung der Sozialberatungen in sechs Regionalgruppen die Kommunikation sich ähnlich der »stillen Post« verhielt.

Schrittweise Entwicklung von Organisationsformen und Strukturen

Eine erste Veränderung des Kommunikationsprozesses vollzog sich mit der Einberufung eines dreitägigen Gesamtworkshop aller Sozialberatungen. Ich lud alle Sozialberatungen und die jeweiligen Personalleiter ein und stellte die Veranstaltung unter fünf Schwerpunktthemen:

1. Zusammenarbeit mit Kunden
2. Marketing BSA
3. Einführung einer datenverarbeitungsgestützten Dokumentation
4. Kommunikation BSA
5. Optimierung der Prozesse, KVP (koninuierlicher Verbessungsprozeß)

Diese gab ich vorab bekannt, damit sich Arbeitsgruppen bilden konnten. Fünf externe Moderatoren arbeiteten mit den Gruppen. Zwei davon moderierten zusätzlich die Plenen. Ich selbst konnte so stets für alle Fragen präsent bleiben und in einer Co-Rolle Prozeß und Dynamik verfolgen und in Abstimmung mit den Moderatoren steuernd eingreifen und ergänzend erläutern. Ziel des Workshops war es, mit Zielvereinbarungen zu den notwendigen Veränderungen mit dem Personalvorstand am letzten Tag des Workshops die entscheidenden Aufträge für eine erfolgreiche Weiterarbeit zu erreichen und schriftlich zu fixieren. Zu dieser Veranstaltung kam kein Personalleiter, jedoch der von mir eingeladene Leiter eines Personalreferats und ein Mitglied des Gesamtbetriebsrats.

Wichtig war vor allem, daß der Personalvorstand der Einladung folgte und sich nach der Präsentation der Ergebnisse zur Diskussion stellte. Hier erklärte er in seiner Abschlußrede explizit, daß das Unternehmen Betriebliche Sozialarbeit wolle, er auch wisse, daß wir gute Arbeit leisteten, es jedoch dringend geboten sei, sich in den Angeboten als Dienstleister zu verstehen, kundenorientierter und effizienter zu werden. Gleichzeitig wiederholte er die schon anfangs erwähnte Botschaft, daß Individualberatung allein das Überleben der BSA nicht garantiere. Er versicherte, er stehe mit seiner Person für die Zeit, die er noch im Unternehmen sei, dafür, daß wir die Veränderungen vollziehen könnten.

Das war eine wichtige Unterstützung für meine weitergehende Arbeit, denn nicht nur zwei Drittel der Sozialberatungen, sondern auch in etwa die gleiche Zahl der Personalleitungen konnte sich für einen Aufgabenwechsel der BSA nicht begeistern.

Bemerkenswert hierzu erscheint mir, daß viele der Sozialberatungen sich an die klaren Ausführungen des Personalvorstandes zum »Überleben der Betrieblichen Sozialarbeit« nicht erinnern konnten.

Die Personalorganisation befürchtete, daß sie an den Standorten auf den sogenannten Problemfällen hängenbleiben würden, wenn die BSA sich vermehrt in der Begleitung und Prävention der stetigen Veränderungsprozesse im Unternehmen engagieren würde. Das befürchteten auch die Betriebsräte, die uns rieten, die Mitarbeiter nicht im Stich zu lassen.

Zudem wurde seitens der Personalorganisation immer wieder betont, Führungsberatung sei von der Personalentwicklung (PE) bereits belegt und nicht Aufgabe der Sozialberatung.

Um nicht in Rechtfertigungen zu verfallen, stellten wir klar, daß nicht die »Problemlösung« im Betrieb unsere Aufgabe sei, sondern daß unsere Kernkompetenzen die Gestaltung, Förderung und Verbesserung von Kommunikation und sozialen Beziehungen im Betrieb sei. Ohne diese Kernkompetenzen ist psychosoziale Beratung nicht möglich. Ob in der Individualberatung, bei Arbeitsplatzfragen und auch bei Themen wie Alkohol, psychischen und chronischen Erkrankungen war und ist die Führungsberatung durch uns schon seit Jahrzehnten fester Bestandteil und gehört zu unseren Kernaufgaben. Das schien außer uns niemand wissen zu wollen. Tatsächlich gehört das Coachen von Führungskräften und das Erstgesprächstraining zur alltäglichen Praxis der Sozialberatungen. Das verdeutlicht noch einmal, daß nutzbringendes Tun ohne Marketing schwerwiegende Folgen hat; vereinfacht gesagt: Klappern gehört zum Handwerk. Das ist allerdings eine Verhaltensweise, die von Sozialarbeitern wenig genutzt wird, für die Zukunft aber existentiell sein wird.

Um durch die unabhängige Beurteilung einer externen Instanz (Unternehmensberatung) die Entwicklung und Akzeptanz eines neuen Konzepts zu födern und zu beschleunigen, initiierte ich ein Benchmarking-Projekt, einen Firmenvergleich, um zu eruieren, wie Sozialberatungen in anderen deutschen Großunternehmen arbeiten und welche Angebote sie vorhalten. Dieses Benchmarking war 1997 das erste im Bereich der Betrieblichen Sozialarbeit.

Es zeigte deutlich, daß ein direkter Vergleich von Sozialarbeit in Betrieben nicht möglich war. Waren Größe des Unternehmens und die Anzahl der zu betreuenden Mitarbeiter noch vergleichbar, so doch nicht die Angebote der Sozialberatungen. Oft hatten diese in anderen Unternehmen nur den Auftrag für die betriebliche Suchtkrankenhilfe oder die Betreuung von Langzeitkranken und Pensionären, also speziell themenbezogen zu arbeiten. In einigen Unternehmen waren die Sozialberatungen dem Betriebsärztlichen Dienst oder den Betriebskrankenkassen fachlich und disziplinarisch zugeordnet. Was verglichen werden konnte, waren die Beratungsansätze und -prozesse.

Es galt also, unsere Beratungsprozesse in der Individual- und Gruppenberatung zu analysieren, mit denen unserer Benchmarking-Partner zu vergleichen, um sogenannte »top setting factors« (besonders herausragende Erfolgsfaktoren) unter Prüfung von Effizienz und anderen Wirtschaftlichkeitskriterien herauszuarbeiten. Das Benchmarken verlief in einer sogenannten win-win-Situation, denn alle beteiligten Partner konnten Erkenntnisse sammeln und verwerten.

Gemeinsam mit örtlichen Sozialberatungen, mit denen ich in den Arbeitsgruppen die Qualität das Benchmarking unterstützte, wurde das in Abbildung 1 und 2 dargestellte Konzept entwikkelt.

Eine Priorität der Konzeptüberarbeitung war, die Individualberatung als Markenzeichen und als unverwechselbares Element der BSA hervorzuheben, sie jedoch wirtschaftlicher zu gestalten und gleichzeitig die Möglichkeit für präventive Gruppen/Teamberatung mit hoher Effizienz zu schaffen.

Den Anteil der Team-Gruppenberatung von 15 auf 60 Prozent zu erhöhen, war ein notwendiger Schritt, denn von unseren Beratungsschwerpunkten stieg der Arbeitsplatzfragen betreffende innerhalb eines Jahres von 7 auf 35 Prozent. Dies lag vor allem daran, daß die Siemens AG zahlreiche Ausgliederungen, Fusionen und Verkäufe von Geschäftsfeldern vornahm, was mit der Begründung der Konzentration auf Kernaufgaben kommuniziert wurde. Für die Mitarbeiter brachte das große Ängste und Unsicherheiten über ihre Zukunft und die ihrer Arbeitsplätze mit sich. Für Führungskräfte stellte sich verstärkt die Aufgabe, diese Umorganisationen ihren Mitarbeitern sozial kompetent zur Kenntnis zu bringen, obwohl sie natürlich vor eigenen Unsicherheiten, Ängsten und inneren Zielkonflikten auch nicht gefeit waren.

Gleichzeitig entwickelten wir mit einem Marketingfachmann eine neue Broschüre unter dem Titel »Siemens hat sich verändert, die Sozialberatung auch«. Zielgruppe waren die Führungskräfte, denen wir damit erstmals unsere Angebote zur Begleitung und Unterstützung ihrer Führungsaufgaben unterbreiteten. Die Sozialberatungen haben in persönlichen Gesprächen und bei allen Seminaren, bei denen sie sich präsentierten, diese Broschüren übergeben. Das positive Feedback – oft begleitet mit den Worten: »Wir wußten ja gar nicht, was sie alles können« –

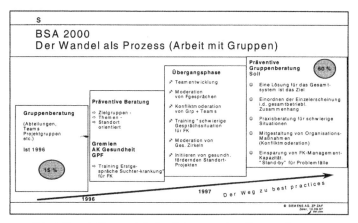

Abb. 1: Entwicklungsziele des Schwerpunkts Gruppenberatung

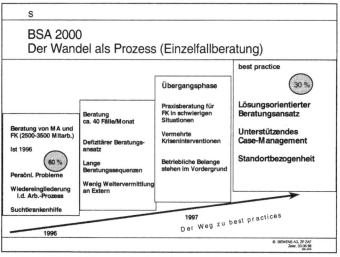

Abb. 2: Entwicklungsziele des Schwerpunkts Einzelfallberatung

motivierte uns stark. Im ersten Jahr nach dem Gesamtworkshop hatten wir durch Teamentwicklungen, Konfliktmoderationen in Teams und Gruppen sowie Moderation von Feedbackgesprächen zwischen Führungskräften und ihren Mitarbeitern bereits 51 Prozent Gruppenberatung und 49 Prozent Einzelberatung erreicht.

Entwicklung der Betrieblichen Sozialarbeit **135**

Parallel dazu wurde für alle Sozialberatungen eine zertifizierte Fortbildung in einem systemisch-ressourcenorientierten Beratungsansatz am Milton-Erickson-Institut in Heidelberg angeboten. Heute arbeiten alle Sozialpädagogen und -pädagoginnen mit dieser Methode.

Um die Kommunikation zwischen mir und den Sozialberatungen in einen Dialog zu bringen, führte ich mit den sechs Regionalgruppen das »Führungsgespräch« als Managementinstrument ein, indem die Sozialberater mir als ihrer fachlichen Leitung Rückmeldungen geben konnten. Das hatte für die Verbesserung der Zusammenarbeit den Vorteil, daß ich zum einen in einer aktiv zuhörenden Rolle die Erwartungen mit den realen Bedingungen und Strukturen auf Umsetzungsmöglichkeiten abstimmen konnte, und ich zum anderen meine fachliche und die Verantwortlichkeiten der disziplinären Führung im direkten Gespräch klären konnte. Zur Festigung der weiteren Zusammenarbeit wurden in einer schriftlichen Zielvereinbarung die zu verbessernden Themen festgehalten, wobei ein wesentlicher Fokus auf den zu leistenden Beitrag der Sozialberatungen gelegt wurde.

Deutlich wurde in diesen Feedback-Gesprächen, welche Schwierigkeiten eine geteilte Führung (fachliche versus disziplinarische Leitung) nicht nur für mich, sondern auch für die Sozialberatungen bedeutet. Die Loyalitätsfalle schnappt hier immer wieder zu. Häufig wird das Machtwort des disziplinären Vorgesetzten aus Unsicherheit und Angst fachlich wenig oder gar nicht hinterfragt. Sichtbar wurden dabei aber auch die Versäumnisse der Sozialberatung, bestimmte Informationen, Planungen und Maßnahmen sowie notwendige Zielvereinbarungen mit ihren Personalleitungen einzufordern und zu fixieren. Fachliche Diskussionen, um etwa Finanzierungen für Projekte durchzusetzen, mehr Einsicht in die Kostensituation oder allgemeine Planungen des Standortes zu erhalten, wurden häufig gescheut, um zum einen mögliche persönliche Nachteilen vorzubeugen, zum anderen, weil konservative Vorstellungen über Sozialarbeit immer wieder zu größeren Auseinandersetzungen führten und man sich nicht mehr rechtfertigen wollte.

Diese neue Form der Kommunikation, aber auch die deutliche Darstellung der Verantwortlichkeiten der Funktionsträger sowie die Erfolge in der Arbeit, die sich bei vielen Sozialberatungen in Ausübung der neuen Aufgaben einstellten, haben den Veränderungsprozeß nachhaltig unterstützt. Die Erarbeitung einer Kosten-Nutzen-Analyse für die Betriebliche Sozialarbeit verhalf zu dem, die Aussage zu widerlegen, daß »Sozialberatung nur kostet und nichts produziert«. Im weiteren Verlauf haben wir die Richtlinien für die BSA auf die Neuerungen und Anforderungen umgestellt sowie eine Namenserweiterung vorgenommen. Die örtlichen Sozialberatungen nennen sich nunmehr Mitarbeiter-, Führungs- und Teamberatung. Man kann also sagen, der Name ist gleichzeitig Programm.

Nachbetrachtung

Der Prozeß des Wandels der Betrieblichen Sozialarbeit vollzog sich in einem Zeitraum von fast vier Jahren. Durch personelle Veränderungen, vorzeitige Inanspruchnahme von Pensionen und Wechsel in andere Aufgaben erlebten wir einen deutlichen Generationswechsel. Lag vorher das Durchschnittsalter bei 50 bis 55 Jahren, so hat sich dieses erheblich verringert.

Mit dem Einstellen jüngerer Sozialpädagogen und -pädagoginnen, die keine Ängste vor Veränderungen mitbrachten, erfuhr die Gruppendynamik eine erfrischende Belebung. Trotzdem war für mich erstaunlich, wieviel unausgesprochene Konkurrenz- und Neidgefühle immer wieder den Prozeß verlangsamten. Interessant war auch zu beobachten, wie lange es dauerte, bis Widerstände innerhalb der Gruppe sich lösen konnten. Die Macht der Worte von ein paar wenigen und der entstehende Gruppendruck hat häufig die neuen Kollegen und Kolleginnen vor einer unmittelbaren Auseinandersetzung mit den Problemen der zwischenmenschlichen Ebene verstummen lassen. Einzelfeedbacks, die dann die Ineffektivität der Regionalgruppen oder einzelne Aussagen kritisierten, gab ich grundsätzlich mit der Bitte zurück, die Kritik und Anregungen dazu in der nächsten Gruppensitzung einzubringen. Meist wurde dies aus Angst vor einer Auseinandersetzung jedoch nicht wahrgenommen. Mit dieser Klarheit in der Verantwortlichkeit für den Prozeß bin ich immer gut beraten gewesen. Der Einsatz von externen Moderatoren für die Workshops und Gruppensitzungen, in denen thematisch bedingt von einer hohen emotionalen Beteiligung der Sozialberatungen auszugehen war, hat sich als klärendes, ordnendes und zieldienliches Instrument erwiesen.

Inzwischen haben unmittelbare organisatorische Neuerungen die Betriebliche Sozialarbeit zunächst in zwei Gruppen unterteilt. Es gibt eine Gruppe von 18 Mitarbeiter-, Führungs- und Teamberatungen (MFT) vor Ort, die in einem »Gemeinsamen Personalservice« (einem Dienstleistungszentrum) zusammengefaßt wurden. Das Dienstleistungscenter ist zwar ein »Cost-Center« und noch kein »Profit-Center«. Das bedeutet, die Angebote der BSA mußten für einen Leistungskatalog aufbereitet werden, der transparent und gleichzeitig als Akquiseinstrument einsetzbar ist. Die restlichen Mitarbeiter-, Führungs- und Teamberatungen arbeiten mit einzelnen großen Bereichen oder in Werken, wo Produktionen laufen. Während die Gruppe der im Dienstleistungszentrum »Gemeinsame Personalservices« so etwas wie eine Identität für dieses Cost-Center entwickelt, sind die restlichen MFT eher besorgt und versuchen sich einzuigeln. Mit gemeinsamen Sitzungen, abwechselnd in vier Städten (Berlin, Frankfurt, Köln und München) haben wir versucht, mögliche Gräben zu schließen. Daß dies gelungen ist, zeigen die Ergebnisse des letzte Gesamtworkshops aller Sozialpädagogen und -pädagoginnen zum Thema »Qualitätsmanagement« im Mai 2000. Die abschließende Zielvereinbarung dieses Gesamtworkshops ist ein wichtiger Schritt in der Entwicklung der Sozialberatung und dokumentiert den zurückliegenden Entwicklungsprozeß: Die BSA führt ein Qualitätsmanagement ein, da Qualität ein wichtiger Wettbewerbsfaktor ist. Wir werden die strategischen Ziele der BSA mittels Balanced Scorecards formulieren und die Meßbarkeit der Prozesse durch Meßgrößen und Zielwerte sowohl für hard- aber auch für soft-facts transparent und meßbar machen.

■ Ursel König

Akutkrankenhäuser auf dem Weg zur Lernenden Organisation

Die Sicht einer internen Beraterin

Die Disziplinen der Lernenden Organisation

Peter Senge hat in seinem Bestseller *Die fünfte Disziplin*, der 1996 in deutscher Übersetzung erschien, die Theorie der Lernenden Organisation vorgestellt und damit in einer Vielzahl von Unternehmen tiefgreifende Veränderungen ausgelöst. Es gelang ihm in diesem Buch, systemisches Denken mit weiteren Entwicklungen der modernen Kognitions- und Organisationspsychologie zusammenzuführen und für die Praxis anwendbar umzusetzen.

Bei einer angestrebten Umgestaltung in Richtung Lernende Organisation stehen folgende Ansatzpunkte im Mittelpunkt:

- *Personal Master*, die Disziplin der Selbstführung und Persönlichkeitsentwicklung, die in den Mitarbeitern geweckt werden muß, soll sich das Unternehmen verändern.
- *Mentale Modelle*, die häufig relativ veränderungsresistent unser Verhalten prägen.
- *Eine gemeinsame Vision entwickeln* als Schritt in eine gemeinsame neue Richtung.
- *Team-Lernen und Dialog* als Voraussetzung für Veränderung.
- *Systemdenken.*

Die Gesetze der 5. Disziplin (nach Senge 1996):
- Die Lösungen von gestern sind die Probleme von heute.
- Je mehr man sich anstrengt, desto schlimmer wird es.

- Das Verhalten verbessert sich, bevor es sich verschlechtert.
- Der bequemste Ausweg erweist sich zumeist als Drehtür.
- Die Therapie kann schlimmer sein als die Krankheit.
- Schneller ist langsamer.
- Ursache und Wirkung liegen räumlich und zeitlich nicht nahe beieinander.
- Kleine Veränderungen können eine Riesenwirkung haben – aber die Maßnahmen mit der stärksten Hebelwirkung sind häufig zugleich die unauffälligsten.
- Sie können den Kuchen essen und behalten – nur nicht gleichzeitig.
- Wer einen Elefanten in zwei Hälften teilt, bekommt nicht zwei Elefanten.
- Niemand ist schuld.

Die Ausgangslage in bundesdeutschen Kliniken und zwei konkrete Wege der Veränderung

Bundesdeutsche Akutkrankenhäuser sind nach wie vor durch eine starre Organisationsstruktur mit den drei Säulen Ärzte – Pflege – Verwaltung geprägt, die je nach den spezifischen Gegebenheiten vor Ort mehr oder weniger gut kooperieren, und häufig werden einzelne Abteilungen, insbesondere an Kliniken der Maximalversorgung, weiterhin wie einzelne Fürstentümer geführt. Eine systematische Organisations- und Personalentwicklung krankenhausweit, und dann noch mit einem systemischen Ansatz, ist nicht etabliert.

Doch erleben die Krankenhäuser seit dem Inkrafttreten der Bundespflegesatzverordnung (1995) einen gewaltigen Umwälzungsprozeß, der in seiner Breite (alle bundesdeutschen Kliniken sind durch das neue Finanzierungssystem betroffen) und in seiner Tiefe (die gewachsene Aufgabentrennung zwischen Verwaltung und klinisch Tätigen muß sich ändern, um dem geänderten Abrechnungssystem gerecht zu werden) zu neuen Organisationsformen führen wird. Durch die Gesundheitsreform

2000 wächst der Druck auf die Häuser erneut, da ab voraussichtlich 2003 die absolute Mehrheit aller Krankenhausleistungen mit Hilfe diagnosebezogener Fallgruppensysteme bewertet und unabhängig von der tatsächlichen Verweildauer des Patienten im Krankenhaus bezahlt werden wird.

Hierdurch sind klare ökonomische Anreize gesetzt, die notwendigen Leistungen am Patienten möglichst kostengünstig und schnell zu erbringen. Damit dies gelingen kann, ist neben dem Aufbau aussagekräftiger Controllinginstrumente vor allem der Bereich Organisationsentwicklung gefragt, um das Expertenwissen der verschiedenen im Krankenhaus tätigen Berufsgruppen zu bündeln und die vorhandenen Reibungsverluste und in Teilen ineffektiven Prozeßabläufe zu verändern. Zwei konkrete Konzepte, die in Kliniken bereits angewandt werden, werden hierzu im folgenden dargestellt.

Health Promoting Hospitals (HPH) der Weltgesundheitsorganisation WHO

Hierbei handelt es sich um eine Initiative des Europabüros der Weltgesundheitsorganisation (WHO), ursprünglich aus dem Jahre 1990, um die Gedanken der Ottawa-Charta konkreter auf das Krankenhaus zu übertragen. Aus dem ersten Pilotprojekt von 1993 mit 20 Kliniken in 11 europäischen Ländern hat sich bis heute ein Netzwerk von 400 Kliniken in Europa in 21 Ländern mit 20 nationalen und 10 regionalen Vertretungen entwickelt.

Die Philosophie der gesundheitsfördernden Krankenhäusern ist geprägt von der Überzeugung: Ein Health Promoting Hospital leistet nicht nur eine qualitativ hochwertige medizinische und pflegerische Versorgung, sondern schafft auch eine die Ziele der Gesundheitsförderung verinnerlichende organisationsbezogene Identität, baut eine gesundheitsförderliche Organisationsstruktur und -kultur auf, wozu auch die aktive, partizipatorische Rolle von Patienten und von allen Mitarbeitern gehört, entwickelt sich zu einem gesundheitsförderlichen Umfeld und arbeitet aktiv mit der Bevölkerung seines Einzugsgebiets zusammen (Tab. 1).

Von den dieser Bewegung zugrundeliegenden Dokumenten (s. Tab. 2) liefern vor allem die Wiener Empfehlungen (1997) konkretere Umsetzungsstrategien mit den Schwerpunkten:

– Mitwirkungsmöglichkeiten von Mitarbeitern und Patienten stärken,
– Verbesserung der Kommunikation, Information und Ausbildung,
– Nutzung von Methoden und Techniken der Organisationsentwicklung und des Projektmanagements,
– aus Erfahrung lernen (Austausch im Netz der gesundheitsfördernden Krankenhäuser).

Health Promoting Hospitals (WHO)
– höchstmöglicher Gesundheitsgewinn für die Patienten
– absolute Patientenorientierung
– Mitarbeiterorientierung
– Hinwendung zu Partnerschaften und zum Umfeld des Krankenhauses
– Umweltfreundlichkeit und Ökologie
– effiziente und kosteneffektive Nutzung der Ressourcen

Tab. 1: Zielrichtungen von
Health Promoting Hospitals (HPH)

Health Promoting Hospitals (WHO)

- Ottawa – Charta (1986)
- Budapest – Deklaration (1991)
- Wiener Empfehlungen (1997)
- Gesundheit 21: Rahmenkonzept „Gesundheit für alle" für die Europäische Region (1999)

- Chiemsee – Erklärung (1996)
- Homburger Leitlinien (1999)

Tab. 2: Grundlegende Dokumente zu Health Promoting Hospitals (HPH)

Insbesondere die jährlich geforderten neuen Projekte, die von der hausinternen Steuerungsgruppe unter Einbeziehung der Mitarbeiter festgelegt werden, führen zu einer kontinuierlichen Auseinandersetzung mit dem Thema, wie die Organisation Krankenhaus für Patienten und Mitarbeiter gesundheitsförderlicher gestaltet werden kann.

Kooperation für Transparenz und Qualität im Krankenhaus (KTQ®)

Qualitätsmanagement (QM) ist seit Ende der neunziger Jahre auch im Krankenhaus ein viel gebrauchter Begriff, häufig mit wechselnden Inhalten belegt, oft leider ohne wirklich konkrete Folgen für Patienten, Angehörige, Mitarbeiter, niedergelassene Ärzte oder Kostenträger. Seit dem 1.1.2000 sind Krankenhäuser sogar gesetzlich verpflichtet, ein Qualitätsmanagementsystem aufzubauen. Verschiedene Modelle aus der Industrie und dem Dienstleistungssektor, insbesondere Zertifizierungen nach der DIN EN ISO 9000ff und Selbstbewertungen nach dem EFQM-Modell für Excellence (European Foundation for Quality Management), wurden mit mehr oder weniger großem Erfolg in die Klinik übertragen.

Parallel hierzu entstand, gestützt auf den Erfahrungen anderer Länder, in denen speziell für Kliniken zugeschnittene Zertifizierungsverfahren zum Teil seit Jahrzehnten erfolgreich im Einsatz sind (insbesondere in den USA, Kanada und Australien), auch in der Bundesrepublik Deutschland ein Projekt, um ein *krankenhausspezifisches Zertifizierungsverfahren* zu entwickeln.

Dieses sich derzeit in der Pilotphase befindliche vom Bundesgesundheitsministerium geförderte Verfahren, »KTQ® (Kooperation für Transparenz und Qualität im Krankenhaus)«, ist ein Gemeinschaftswerk der Bundesärztekammer, des VdAK/AEV (Verband der Angestelltenkrankenkassen) und der Deutschen Krankenhausgesellschaft. Darüber hinaus nehmen der Deutsche Pflegerat (Spitzenorganisation der Pflegeverbände), Vertreter konfessioneller Häuser und die AWMF (Arbeitsgemeinschaft der medizinisch-wissenschaftlichen Fachgesellschaft) teil. Die wissenschaftliche Begleitung liegt in Händen des Instituts für Medizinische Informationsverarbeitung des Universitätsklinikums Tübingen (Prof. H. K. Selbmann).

Die Zielsetzungen sind hoch gesteckt. So soll das Zertifizierungsverfahren zu einer kontinuierlichen Qualitätsverbesserung beitragen und den Anstoß für die Kliniken liefern, auf breiter Ebene Qualitätsmanagement einzuführen. Gleichzeitig soll die Transparenz des Leistungsgeschehens im Krankenhaus sowohl für Patienten, niedergelassene Ärzte als auch Krankenkassen erhöht werden, indem Teile des Selbst- und Fremdbewertungsberichts über die Kliniken in strukturierter Form veröffentlicht werden (Abb. 1).

Abb. 1: Das Vorgehen der KTQ®

Das Verfahren wurde aus der Praxis für die Praxis entwickelt, indem erfahrene, klinisch tätige Experten bei der Erarbeitung der Kriterien maßgeblich einbezogen wurden, und gleichzeitig fand eine Orientierung an internationalen Verfahren wie der

Joint Commission on Accreditation of Healthcare Organizations (JCAHO) statt. Im Sommer 2000 wurden die Kriterienkataloge, die nach einer Pretest-Phase im Sommer 1999 nochmals grundlegend überarbeitet und gestrafft wurden, in 30 bundesdeutschen Kliniken erneut auf ihre Praxistauglichkeit und Relevanz getestet. Bevor dann im Anschluß erstmals im Rahmen von Fremdbewertungen sogenannte Visitoren, die durch ein umfangreiches Training auf ihre verantwortungsvolle Aufgabe vorbereitet wurden, die Häuser und ihre Selbstbewertung überprüfen werden. Nach einer nochmaligen Überarbeitungsphase ist dann Ende 2001 mit dem offiziellen Start des freiwilligen Zertifizierungsverfahrens zu rechnen.

Die damit verbundene jährliche Selbstbewertung mit den konkreten Fragen an alle in verantwortlicher Position im Krankenhaus tätigen Mitarbeiter, also die kritische Auseinandersetzung mit der eigenen Arbeit, deren Organisation und Ergebnis, ist ein Baustein auf dem Weg zur Lernenden Organisation.

Wege der Entwicklung

Die vorgestellten Verfahren sind zwei Wege, die Kliniken helfen können, sich auf den langen Marsch Richtung Lernende Organisation zu machen. Durch die Auseinandersetzung mit dem Konzept der Health Promoting Hospital kann es Kliniken gelingen, eine gemeinsame Vision zu entwickeln und die mentalen Modelle in Richtung Gesundheitsförderung zu erweitern. KTQ® ergänzt diesen Ansatz hervorragend, insbesondere durch das Denken in Prozeßmodellen und die Konzentration auf die Mitarbeiter und die Arbeit im Team.

Konkrete Hilfsmittel sind in der heutigen Situation entscheidend, denn Kliniken stehen erst am Anfang eines gewaltigen Umwälzungsprozesses. Unter dem anhaltenden ökonomischen Druck und den steigenden Anforderungen der Patienten und Mitarbeiter wird sich der bereits eingeschlagene Weg weg von einer verwalteten Organisation hin zu einem modern gemanagten Dienstleistungsunternehmen auf breiter Front Bahn brechen.

Systemisches Denken und organisationspsychologisches Wissen können hier einen entscheidenden Beitrag leisten und so zu einer Entwicklung beitragen, bei der es uns zum Wohl der Patienten und der ganzen Gesellschaft hoffentlich gelingen wird, sinnvolle Werte der Vergangenheit mit in die sich rapide verändernde Zukunft zu retten.

Weiterführende Literatur und Ansprechpartner

Bellabarba, J.; Schnappauf, D. (Hg.)(1996): Organisationsentwicklung im Krankenhaus. Göttingen.

Deutsches Netz Gesundheitsfördernder Krankenhäuser, Geschäftsstelle Essen, Hellweg 102, 45276 Essen (http://www.ktq.de)

Grossmann, R. (1997): Supervision im Krankenhaus. In: Scala, K.; Grossmann, R. (Hg.), Supervision in Organisationen. Weinheim.

Senge, P. M. (1996): Die Fünfte Disziplin. Stuttgart.

Senge, P. M. et al. (1999): Das Fieldbook zur »Fünften Disziplin«. Stuttgart.

Simon, M. (1997): Das Krankenhaus im Umbruch. Neuere Entwicklungen in der stationären Krankenversorgung im Gefolge von sektoraler Budgetierung und neuem Entgeltsystem. Berlin: Schriftenreihe der Arbeitsgruppe Public Health am Wissenschaftszentrum Berlin für Sozialforschung (WZB).

■ Peter C. Zimmermann

Notfall- und Krisenmanagement in Unternehmen

Interdisziplinäres und methodenübergreifendes Handlungsfeld

Einführung

Ein Tanklastzug mit hochgiftigen Chemikalien wird im Bereich des Frankfurter Kreuzes in einen Unfall verwickelt, kippt um, die Chemikalien laufen aus. Ein Lebensmittelhersteller erhält einen Erpresseranruf, Lebensmittel seien vergiftet, Geldforderungen seien zu befriedigen, sonst gäbe es Tote, Untersuchungen in einer Handelskette bestätigen die Ernsthaftigkeit der Bedrohung. Bei einer Explosion in einem Werk eines Konzerns werden fünf Menschen schwer verletzt, nach der Explosion zieht eine Giftwolke in Richtung eines dichtbesiedelten Wohngebiets.

Diese und ähnliche Ereignisse stellen für jedes Unternehmen Horrorszenarien dar. Sie können, wie sich in der Vergangenheit oft genug gezeigt hat, jedoch jederzeit eintreten. Auch andere Gefährdungen wie Giftnotrufe, Produktprobleme bei Dritten, Sabotage in Werken und biologische Gefährdungen sind keine Utopie.

Damit liegt auf der Hand, daß es im Interesse aller, der Anwohner, der Umwelt und der Unternehmen selbst, liegt, solche Gefährdungen im Vorfeld zu verhindern und – sollte dies trotz aller prophylaktischen Maßnahmen nicht möglich sein –, im Ernstfall die auftretenden Ereignisse besser beherrschen zu können. Dies setzt die Schaffung eines ganzheitlichen Krisenmanagements voraus, in dem alle Beteiligten methodenübergreifend und interdisziplinär kooperieren.

Mögliche Bedrohungen/Gefährdungen

Die geschilderten Szenarien geben – wenn auch spektakulär – nur einen kleinen Ausschnitt möglicher Gefährdungen wieder. Transportunfälle und Beinaheunfälle ereignen sich auf dem Wasser, der Schiene und Straße wie auch in der Luft nahezu täglich.

Die Folgen haben unterschiedlichste Ausmaße und reichen von relativ leicht zu beseitigenden Straßenverunreinigungen bis zur Verschmutzung ganzer Küstenlandstriche. Neben solchen Transportunfällen sind sogenannte Ereignisse in Werken und Produktionsstätten ebenfalls häufig, also Explosionen, Verpuffungen und dergleichen. Aber nicht nur im produzierenden Bereich selbst, sondern auch bei Dritten, etwa industriellen Kunden oder Endverbrauchern können sich Vorfälle ereignen, die neben Sach- auch Personenschäden (z.B. Vergiftungen) zur Folge haben können.

Weitere Gefährdungen gehen von Ereignissen mit kriminellem Hintergrund aus. Hier handelt es sich meist um Sabotage oder – mit steigender Tendenz – um Produkterpressungen, die im Umfang von rund 700 herausragenden Fällen in den letzten zehn Jahren vor allem die Kunden von Handelketten und Lebensmittelherstellern verunsichert und gefährdet haben.

Abschließend seien hier auch noch die biologischen Gefährdungen erwähnt, die, augenblicklich noch kaum abschätzbar, künftig ein erhebliches Gefährdungspotential darstellen dürften.

Rechtliche Grundlagen

Zahlreiche Vorkommnisse mit Gefährdung von Mensch und Umwelt – und nicht zuletzt die Vorfälle in der chemischen Industrie Anfang der neunziger Jahre – riefen die Politiker auf den Plan, die mit Hilfe von Gesetzesänderungen die Unternehmen stärker in die Verantwortung nehmen wollten.

Diese Änderungen treffen zum einen die Umweltgesetzgebung, zum anderen die Gesetze zur Produktsicherheit. Insbesondere die 12. BImSchV (Störfallverordnung; zuletzt geändert am 3.5.2000) stellt klare Anforderungen zur Begrenzung von Störfällen und fordert insbesondere die Erstellung von internen Alarm- und Gefahrenabwehrplänen (AGAP) sowie deren Überprüfung und Erprobung. Die Gesetzgebung zur Produktsicherheit stellt in der Produkthaftung nach BGB und im Produkthaftpflichtgesetz zunehmend Anforderungen an Unternehmen, und auch in der konkreten Rechtsprechung werden die Produktbeobachtung und ein Rückrufmanagement gefordert.

Vor diesem Hintergrund der in den letzten Jahren ständig gestiegenen rechtlichen Anforderungen an die Organisation von Sicherheit, Produktsicherheit und Umweltschutz sehen sich heute Unternehmen aller Branchen zunehmend aufgefordert, ihre Organisation zu überprüfen. Mit Maßnahmen zur Optimierung der Aufbau- und Ablauforganisation gilt es für sie sicherzustellen, daß eine ordnungsgemäße Delegation der den Organen der Unternehmen obliegenden Pflichten auf nachgeordnetes Führungspersonal und Beauftragte in dem erforderlichen Umfang erfolgt.

Unternehmerische Überlegungen

Neben diesen Maßnahmen zur Verhütung rechtlicher Konsequenzen werden aber auch zunehmend die Chancen erkannt, mit Hilfe einer Systematisierung der bestehenden Vorgaben und Regelungen zur Beherrschung von Notfällen Schaden von Menschen und Umwelt und damit auch vom eigenen Unternehmen abzuwenden.

Dabei geht es zunächst darum, Risiken im Vorfeld zu vermeiden oder unvermeidbare Risiken weitestgehend zu beherrschen. Dies setzt eine Unternehmenskultur voraus, in der verbleibende Risiken offen kommuniziert werden. Nur so können die Risikopotentiale umfassend analysiert und bewertet und entsprechende Maßnahmen zur Begrenzung von Auswirkungen und zur Vermeidung von Schäden getroffen werden.

Gerade in der jüngsten Zeit zeigt sich immer wieder, wie notwendig eine solche Vorsorge für Unternehmen bei Ereignissen ist, die Notfall- oder Krisencharakter aufweisen. Es geht dabei um die konkrete Sicherheit innerhalb der Werke vor Sabotage und unbefugten Eingriffen, um die Sicherheit der Produkte nach Verlassen der Werke während des Transportwegs, bei Weiterverarbeitern und Endverbrauchern sowie um die Sicherheit des Gesamtunternehmens in allen Fällen von Bedrohung und Erpressung. Dies kann nur sichergestellt werden durch ein umfassendes, ganzheitliches Notfall- und Krisenmanagement.

Mit Schaffung eines solchen Managementsystems können nicht nur im Ernstfall die auftretenden Ereignisse selbst besser beherrscht werden, sondern es ergeben sich in aller Regel auch Ansatzpunkte für eine mögliche Prävention im Sinne von »Responsible Care«. Es geht also nicht mehr nur um rein materielle Interessen, sondern um ein verändertes Selbstverständnis von Unternehmen in der Gesamtgesellschaft. Eine solche Einstellung dokumentiert sich in der ganzheitlichen Betrachtungsweise von Notfall- und Krisenmanagement. Dies bringt für ein Unternehmen letztendlich nicht nur finanziellen, sondern auch einen Imagegewinn in der Öffentlichkeit.

Elemente des Notfall- und Krisenmanagements

Ein funktionierendes Notfall- und Krisenmanagement umfaßt die gleichen Elemente, die auch jede andere gute Organisation beinhaltet. Jedoch ist ein wirksames Notfall- und Krisenmanagement nicht innerhalb der bestehenden Normalorganisation zu gewährleisten. Vielmehr gilt es, eine mit der Normalorganisation abgestimmte und verzahnte effektive Organisation für Extremsituationen zu schaffen.

Innerhalb dieser Organisation ist zunächst einmal die Aufbauorganisation festzulegen, zu kommunizieren und zu dokumentieren. Die Aufbauorganisation legt fest, wer in welcher Funktion welche Aufgaben hat. Innerhalb der Aufbauorganisation sind selbstverständlich nicht nur die Aufgaben zu verteilen, sondern auch die entsprechenden Befugnisse klarzulegen.

Darüber hinaus sind ablauforganisatorische Maßnahmen festzulegen. Sie umfassen alle Vorgaben, wer wann was zu tun hat, und wer wem welche Informationen zu vermitteln hat. Diese Vorgaben müssen sich an Art und Ausmaß des eingetretenen Ereignisses orientieren. Dies setzt eine sachgerechte, vorausschauende und an der Praxis orientierte Ereigniskategorisierung voraus, die Schwellen für bestimmte Aktionen definiert und anschaulich und übersichtlich darstellt.

Voraussetzung für ein funktionierendes Notfall- und Krisenmanagement ist eine transparente Organisation. Transparenz entsteht durch eine schlanke Dokumentation, die alle Anweisungen in übersichtlicher Form zusammenfaßt und die, mit einem Aktualisierung- und Änderungsdienst versehen, stets den neuesten Stand der Organisation darstellt. Gleichzeitig bildet die Dokumentation auch die Grundlage für die Information, die an alle Funktionsträger gegeben werden muß, und ist Bestandteil von Schulungen und Übungen.

In entsprechenden Schulungs- und Informationsveranstaltungen werden die bestehenden Regelungen kommuniziert und gleichzeitig einer kritischen Betrachtung unterzogen. Die Funktionsträger erfahren, was im Ernstfall von ihnen erwartet wird und erhalten eine Übersicht über ihre Kompetenzen. Des weiteren werden hier konkrete Hinweise für die Praxis vermittelt – etwa für die Nutzung von Krisenstabräumen und die Bedienung technischer Apparaturen. Solche Schulungen sind innerhalb eines funktionierenden Systems wiederkehrende Veranstaltungen, die helfen, die Sensibilität aufrechtzuerhalten und den Wissenstand zu stabilisieren.

Die besten organisatorischen Regelungen sind nichts als Makulatur, wenn sie nicht gelebt werden. Alle Unternehmen haben jedoch die Hoffnung, daß Ereignisse nur äußerst selten eintreten mögen. Grundlage für ein reibungsloses Funktionieren der Notfall- und Krisenorganisation sind daher Übungen in praxisnahen Übungsszenarien. Solche Szenarien umfassen neben reinen Stabsübungen auch umfängliche Übungen unter Hinzuziehung externer Hilfskräfte wie Polizei und Feuerwehr. In der Auswertung solcher Maßnahmen liegt die Chance, das System zu überprüfen und zu optimieren.

Übungen sind jedoch nicht die einzige Möglichkeit, das Managementsystem auf Anwendung und Wirksamkeit zu prüfen. Eine umfängliche Systemüberprüfung mittels Audits ist hier unerläßlich, ermöglicht sie doch durch einen Soll-Ist-Vergleich die Bewertung des Systems, zeigt Schwachstellen auf und dient der weiteren Optimierung des Gesamtsystems.

Notfall- und Krisenmanagement: Beispiel eines Beratungsprojekts

Im folgenden wird das Vorgehen innerhalb eines Beratungsprojekts in einem Chemieunternehmen dargestellt. Das Beispiel ist selbstverständlich anonymisiert. Zum Verständnis scheint es jedoch wichtig zu erwähnen, daß es sich um einen international tätigen Konzern mit Werken in diversen Ländern und einigen Standorten in Deutschland handelt. Ein ähnliches, jeweils der Größe, Sparte und Branche angepaßtes Vorgehen wurde ebenfalls erfolgreich in einer Reihe von anderen Unternehmen angewendet. Hier wurde ein Vorgehen in fünf Stufen gewählt (Abb. 1).

Stufe 1

In der ersten Stufe wurde zunächst ein Werk des Gesamtkonzerns, das repräsentativ erschien, für ein Pilotprojekt ausgewählt. Nach einer Informationsphase wurde dieses Werk mit Hilfe von externen und internen Fachkräften unterschiedlichster Professionen in Form von Begehungen und Befragungen von Mitarbeitern und Führungskräften einer Ist-Aufnahme unterzogen. Festgestellte Gefährdungspotentiale wurde anschließend einer Analyse und Bewertung durch die Fachleute unterzogen.

1. Stufe: Analyse des Gefährdungs-
potentials

2. Stufe: Optimierung der organisatorischen Vorgaben

3. Stufe: Einrichtung eines Krisenstabraumes
und Technikschulung

4. Stufe: Konzeption und Durchführung
von Schulungsmaßnahmen

5. Stufe: Begleitung und Analyse von
Notfallübungen

Abb. 1: Vorgehen bei der Einrichtung des
Notfall- und Krisenmanagements

Mit Hilfe der hier gewonnenen Erkenntnisse wurde seitens der externen Berater eine Checkliste entwickelt, die das Unternehmen selbständig zur Überprüfung weiterer Werke einsetzen kann.

Stufe 2

Um ein ganzheitliches Notfall- und Krisenmanagementsystem sinnvoll gestalten zu können, ist es zunächst notwendig, die Organisation selbst zu begutachten. Um dies zu erreichen, wurden vorhandene Regelungen erfaßt und geprüft. Auf Basis der erhobenen Daten wurden dann Defizite identifiziert und notwendige Ergänzungen formuliert. Anschließend wurden die notwendigen spezifischen organisatorischen Regelungen erstellt, abgestimmt und in den Gesamtaufbau des Notfall- und Krisenmanagementsystems eingebunden. Das Unternehmen entschied sich für eine Dokumentation bestehend aus Notfall- und Krisenmanagement-Handbuch, -Richtlinien und -Arbeitsanweisungen.

In der Vergangenheit hat sich der Aufbau einer dreistufigen Notfallorganisation mit Installation eines Bereitschaftsdienstes und eines Krisenstabs vielfach bewährt. Auch hier fiel die Entscheidung nach einem entsprechenden Hinweis durch die externen Organisationsfachleute zugunsten einer solchen dreistufigen Organisation. Unter die erste und zweite Stufe fallen Ereignisse, die auf der Ebene des einzelnen Werks bewältigt werden können. Die dritte Stufe betrifft Ereignisse, die aufgrund ihrer aktuellen Tragweite oder potentieller Konsequenzen die direkte Einschaltung der Unternehmensleitung und des Krisenstabs erfordern.

Stufe 3

Ereignisse, die das Tätigwerden eines Unternehmenskrisenstabs erfordern, sind außerordentlich selten. Wenn sie jedoch eintreten, unabhängig davon, ob die Ursache in einer unglücklichen Verkettung von Zufällen oder in vorsätzlich begangenen Handlungen wie Sabotage oder Erpressung liegt, hängen von der professionellen Abwicklung einer solchen Krise erhebliche materielle und immaterielle Werte (Image) des Unternehmens ab. Damit muß das Notfallmanagement hohen Anforderungen genügen.

Es gilt, soviel wie möglich vorbeugend und vorausschauend zu planen und zu organisieren, um im Notfall so effektiv wie möglich arbeiten und rasch auf alle Ressourcen innerhalb und außerhalb des Unternehmens zurückgreifen zu können.

Um dies zu gewährleisten, wurde am zentralen Verwaltungsstandort ein geeigneter Krisenstabraum ausgesucht, von allen sonstigen Funktionen befreit und mit einer optimalen technischen Ausstattung eingerichtet. Die Einrichtung erfolgte mit

Hilfe von internen und externen Fachleuten, die sowohl die optimale Einrichtung aus organisatorischer, technischer und psychologischer Sicht sicherstellen sollten.

Eine abschließende Begutachtung der baulichen, technischen und organisatorischen Maßnahmen sowie eine detaillierte Technikschulung für alle Funktionsträger sollten technische Pannen im Vorfeld verhindern helfen und förderten in der Tat noch Optimierungsmöglichkeiten zu Tage.

Stufe 4

Für ein funktionierendes Notfall- und Krisenmanagement muß für den Ernstfall auf gut vorbereitete und ausgebildete Funktionsträger zurückgreifen können. Solche Fachleute für das Managen von Krisen und Notfällen müssen auf allen Hierarchieebenen des Unternehmens angesiedelt sein.

Auf diese Forderungen wurde im beschriebenen Fall außerordentlich viel Wert gelegt. So wurde von den externen Beratern in Zusammenarbeit mit der Abteilung für Personalentwicklung und -ausbildung ein umfangreiches Bündel an Schulungsmaßnahmen konzipiert. Diese Maßnahmen umfaßten wiederum den Einsatz zahlreicher interner und externer Fachleute unterschiedlicher fachlicher Ausrichtungen.

Zunächst wurden die Mitglieder des neu gebildeten Unternehmensbereitschaftsdienst in einer Schulungsveranstaltung in ihre Aufgaben eingewiesen und anhand von kleinen und umfänglicheren Übungsszenarien für die Tätigkeit als »Meldekopf« der Unternehmensleitung sensibilisiert.

Danach wurden die potentiellen Mitglieder des Unternehmenskrisenstabs anhand konkreter Übungen mit dem Ablauf von Krisenstabssitzungen vertraut gemacht und in wichtigen Instrumenten der Stabsarbeit trainiert.

In Krisenfällen ist die reibungslose Arbeit in hinzugezogenen Fachabteilungen (z. B. Toxikologische Abteilung oder Werksärztlicher Dienst) Voraussetzung für eine effektive Bearbeitung der Situation. Entsprechend wurden für die betroffenen Fachabteilungen einführende Schulungsveranstaltungen organisiert und für Spezialaufgaben vertiefende Qualifikationen angeboten.

In einem letzten Schritt wurde innerhalb einer Vorstandssitzung das neu geschaffene Managementsystem erläutert und anhand praktischer Übungsszenarien wurden Entscheidungsabläufe geübt. Als eine Folge dieser Veranstaltung wurde für den Vorstand und die Vertreter der Abteilung Öffentlichkeitsarbeit ein Medientraining durchgeführt, um die Funktionsträger im Umgang mit Pressevertretern zu schulen. Dieses Training wurde ebenfalls multiprofessionell mit Medientrainern, Journalisten, Psychologen und Fachleuten aus dem Bereich Chemie besetzt.

Stufe 5

Die letzte Stufe diente der Begleitung und Analyse von praktischen Notfallübungen. Hier wurde zunächst mit Hilfe der externen Berater der Kontakt zu den externen Hilfsorganisationen und Behörden gesucht. In einem weiteren Schritt wurden die Felder der Zusammenarbeit abgesteckt und Formen der Kooperation vereinbart. In einem dritten Schritt wurden dann Notfallübungen abgehalten, die der Optimierung der Organisation ebenso dienten wie der Verbesserung der Zusammenarbeit innerhalb des Unternehmens und auch mit den externen Kräften. Diese Übungen wurden wiederum von den externen Beratern begleitet, analysiert und ausgewertet, um so einen übergreifenden Vergleichmaßstab heranziehen zu können.

Zusammenfassung

Für ein funktionierendes Notfall- und Krisenmanagement muß für den Ernstfall neben der Einrichtung eines geeigneten Krisenstabraums und seiner optimalen technischen Ausstattung sichergestellt werden, daß:
– Kooperationsbeziehungen institutionalisiert werden, die im

Ernstfall Unterstützung bei der Einschätzung und der Bewältigung der Krise bieten können (Feuerwehr, Polizei, LKA, BKA etc.);

- für den Unternehmenskrisenstab eine überschaubare Anzahl kurzgefaßter und leicht handhabbarer Arbeitshilfen vorausschauend vorgehalten werden (z.b. Checklisten, Visualisierungshilfen);
- ein Schulungskonzept erstellt und umgesetzt wird, das allen beteiligten Hierarchieebenen ihre Aufgaben erläutert und ihnen Hilfestellung bei der praktischen Bewältigung bietet (z. B. Medientraining mit Vorstandsmitgliedern, Verfahren zur Streßbewältigung für die Mitglieder des Krisenstabes, Informationsmanagement für Mitglieder des Bereitschaftsdienstes);
- ein Übungskonzept erstellt und umgesetzt wird, das ergänzend die in die Notfallorganisation eingebundenen Mitarbeiter in der Bewältigung verschiedener Krisensituationen trainiert und die Funktionsfähigkeit des Systems regelmäßig testet.

Diese Forderungen können in der Regel nicht vom Unternehmen allein umsetzt werden, sondern erfordern den Einsatz erfahrener Berater. Deren Profil muß notwendigerweise neben umfassendem Wissen über die Unternehmensorganisation vor allem Erfahrungen im Krisen- und Notfallmanagement sowie psychologische Kompetenzen umfassen. Eine weitere Voraussetzung bildet eine methodisch fundierte Ausbildung, die die Einschätzung und den Einsatz eines großen Spektrums unterschiedlichster Verfahren ermöglicht. Ein entsprechendes Profil dürften Arbeits-, Betriebs- und Organisationspsychologen (Wirtschaftspsychologen) aufweisen, für die sich hier ein umfassender Tätigkeitsbereich anbietet.

Schwerpunkt Personalentwicklung

■ Thomas Schneider

Lösungsorientierte Trainingsmaßnahme für pädagogische Mitarbeiter und Ausbilder in Einrichtungen der Jugendhilfe

Entstehungsgeschichte des Trainingskonzepts

Das Fortbildungs- und Trainingskonzept entstand seit 1994 aufgrund der eigenen fortlaufenden Suche nach besseren Vermittlungswegen grundlegender pädagogischer und psychologischer Kenntnisse für die Bewältigung von Alltagssituationen im Ausbildungs- und Gruppenalltag von Jugendhilfeeinrichtungen. Als Organisationsberater von Einrichtungen wurde ich immer wieder konfrontiert mit Konflikten oder Konfliktresultaten, die das gemeinsame Arbeiten und Zusammenleben innerhalb der Einrichtung durch einen Mangel an sozialer Kompetenz und unverbundenem Theorie- und Praxiswissen unnötig erschwerten. Viele Entwicklungschancen von Kindern und Jugendlichen bleiben ungenutzt, und nicht selten wird die Arbeitsmotivation der Mitarbeiterinnen[1] auf den unterschiedlichsten Ebenen der Organisationsstruktur geschwächt durch Ohnmacht-, Macht- und Abhängigkeitsverhältnisse oder –konflikte, statt offensiv an einer innerbetrieblichen Beziehungs- und Kommunikationsstruktur zu arbeiten.

Ich habe bewährte Trainingsmanuale aus dem psychologischen Alltag der Heimerziehung ausgewertet, einzelne Bausteine modifiziert als eigenständiges Trainingsmanual zusammen-

---

1 Ich werde im folgenden Text die weibliche und männliche Form abwechselnd verwenden. Ebenso verzichte ich auf eine differenzierte Aufzählung von Berufsbezeichnungen und wechsle auch hier in der Benennung ab.

gestellt und mehrmals in Einrichtungen der Jugendhilfe eingesetzt. Die grundlegende Literatur zur Theorie und Praxis dieses Trainings ist somit nachzulesen in »Gruppentraining sozialer Kompetenzen« (Pfingsten u. Hinsch 1998), »Das Münchner Trainingsmodell« (Innerhofer 1997) und eine Bestätigung in der Einschätzung der Vermittlung pädagogischer und psychologischer Sachverhalte in der Ausbildung von pädagogischen Mitarbeitern in »Methoden- und Sozialkompetenz« (Heideloff u. Langosch 1998). Die Teilnahme am zweijährigen Modellprojekt des Caritasverbandes der Diözese Bamberg zum Qualitätsmanagement (DiCVQUM) von Jugendhilfeeinrichtungen machte mich und meine Kolleginnen zunehmend sensibler für die Bedeutung der sozialen Kompetenzen im Veränderungsprozeß von Einrichtungen, insbesondere in der Auseinandersetzung mit der Hartnäckigkeit, mit der nach zeit- und kostenintensiven Sitzungen alte Gewohnheiten im pädagogischen Alltag unverändert beibehalten wurden.[2]

Die Ausgangssituation in den bisher beteiligten Einrichtungen

Trotz der Vielfalt der zu betreuenden Zielgruppen der Einrichtungen des Trägers und der verschiedenartigen Konzepte gab es einige Parallelen in der Problemstellung, die ein einheitliches Vorgehen als angebracht erscheinen ließen:

– Es gibt einen hohen Anteil älterer und seit langem angestellter Mitarbeiter im Gruppendienst, die in sogenannten heilpädagogisch orientierten oder noch niederschwelligeren Internaten oder Jugendwohnformen ihre Tätigkeit begonnen haben und sich nun der Herausforderung einer heilpädagogischen Ausrichtung der Einrichtung gegenübergestellt sehen.

---

2 Vgl. Protokolle der Qualitätszirkelsitzungen des DiCVQuM, Bd. 1–3, 1998–2000.

- In den Förderlehrgängen und Lehrwerkstätten ist ein hoher Prozentsatz an Ausbildern tätig, die als Quereinsteiger aus der freien Wirtschaft in diesem pädagogisch hochsensiblen Bereich für die Selbstwertregulation und Identitätsbildung der Jugendlichen Verantwortung tragen. Die Orientierung an Leistung statt Persönlichkeitsentwicklung führt zu massiven Frustrationen dieser Mitarbeiter im ersten Beschäftigungsjahr.
- Ein stetig steigender Druck seitens der Kostenträger auf die Einrichtungen und Belegschaft führte zu einer faktischen Veränderung des Arbeitsklimas durch existentielle Ängste. Die Bedrohung von Arbeitsplätzen durch Bettenabbau, die Entwertung der Tätigkeit durch Dumpingpreise und eine Verdichtung der emotionalen Streßfaktoren werden als häufigste Gründe genannt.
- Viele Absolventen von Fachakademien haben ein unzureichendes theoretisches und praktisches Fundament für die Aufgabenfelder der Jugendhilfe. Auch macht sich eine Qualitätseinbuße und ein Mangel an Reife zunehmend bemerkbar, die einhergehen mit der geringeren Nachfrage an Ausbildungsbewerbern.
- Ein mangelnder Erfahrungsaustausch zwischen den jeweiligen Bereichen der Institution kennzeichnet die häufigen wechselseitigen Schuldzuweisungen für die Nichterreichung formeller und informeller Ziele zwischen dem pädagogischem Personal, den sozialpädagogischen Stützlehrerkräften/Lehrern und den Ausbildern und den Leitungskräften der Gesamteinrichtung. Die Ganzheitlichkeit des Ansatzes im Konzept ist häufig durch institutionelle Kommunikations- und Beziehungsstrukturen behindert oder wird verhindert.
- Es fehlen häufig, trotz grundlegender Verpflichtung durch das KJHG, reale Mitbestimmungsmöglichkeiten von Kindern- und Jugendlichen, oder diese sind auf unrelevante Nebenthemen und -tätigkeitsbereiche beschränkt (Schneider 1999).
- Eine echte gemeinsame Zieldefinition von Institution und Betreutem unterbleibt häufig oder wird unreflektiert und zu oberflächlich vorausgesetzt. Die Grenzen und der aktuelle Entwicklungsstand der Kinder und Jugendlichen werden unzureichend erfaßt und folglich die Gegebenheiten an diese Bedingungen nicht ausreichend flexibel angepaßt. Fortlaufende Frustrationen und permanente Überforderungen als eine Überbetonung der Leistung aufgrund des gesellschaftlichen und politischen Ausgrenzungsdrucks führen neben dem Abbau von therapeutischer, erlebnis- und freizeitpädagogischer Angebote zu einer Erhöhung der Gewaltbereitschaft gegen-

über Sachen, Personen oder dem eigenen Körper, was Ängste in der Begegnung verstärkt oder auslöst.

Zielgruppe des Trainingskonzepts

Primär richtet sich das Training an überwiegend ältere oder in der DDR ausgebildete Erzieher, Sozialpädagoginnen im ersten Berufsjahr oder Neuanfänger im Arbeitsfeld stationärer Jugendhilfe sowie Gesellen und Handwerksmeister, die aus der freien Wirtschaft kommend in diesen Jugendhilfeeinrichtungen berufsvorbereitende Maßnahmen und Ausbildungslehrgänge zu betreuen haben.

Erfahrungsberichte von Trainingsteilnehmern haben uns motiviert, unser Konzept weiter zu überdenken und es in modifizierter Form auch an den Schulen des Trägers anzubieten und Einführungsseminare für Zivildienstleistende und Jahrespraktikantinnen zu organisieren.

Zielsetzung des Trainings

Die Zielvorgabe an die Trainer seitens der Einrichtungen war es, den Mitarbeitern zu helfen, mit ihrer pädagogischen Konfliktbewältigung besser fertig zu werden und gleichzeitig der Einrichtung projektorientierte Maßnahmen aufzuzeigen, die der Gewalt und dem Drogenmißbrauch entgegenwirken sollen und präventive Ansätze ermöglichen. Eine nähere Differenzierung von Zielen wurde seitens der Auftraggeber nicht vorgenommen und hat uns somit viel Handlungsspielraum gegeben und zugleich einem großen Erwartungsdruck ausgesetzt.

Wir sehen unser primäres Ziel in der Entlastung der Mitarbeiter, die zu häufig alle Fehlschläge und Zielabweichungen auf eigenes Unterlassen oder Fehlverhalten zurückführen und sich damit in ihrer Einflußmöglichkeit fortlaufend überschätzen und überfordern. Mit einer Veränderung dieser kausalen Sicht von Erfolg oder Mißerfolg soll eine Sensibilisierung für die Finalität des Handelns bei den Kindern und Jugendlichen sowie der eigenen Person geweckt werden, die es ermöglicht, in einer sozial kompetenteren Interaktion zu gemeinsamen realistischen pädagogischen Zielvereinbarungen zu kommen auf der Basis von Belohnung und ermutigender Hilfestellung.

Für dieses Fernziel sind uns folgende Teilziele wichtig, die zugleich der Gliederung des Trainings dienen:

– Die Teilnehmer sollen sich als Mitarbeiter einer Einrichtung erfahren und in Interaktionsspielen ihre Praxiserlebnisse systematisch aufarbeiten lernen, ihre Erfahrungen in der Gruppenarbeit analysieren und ihren individuellen Trainingsbedarf eruieren.
– Einsicht erhalten in den Kontext erzieherischen Handelns, das immer in der Abhängigkeit von seiner Umwelt gesehen und verstanden werden muß.
– Einsicht in Formen, Entstehungsbedingungen und Therapie sozialer Kompetenzprobleme gewinnen.
– Ein Konzept zur Bewältigung sozialer Kompetenzprobleme aufzuzeigen und einzuüben in der Unterscheidung von drei Typen sozialer Situation.
– Ermutigung zu Projekten, mit Hilfe derer sich Lösungen für aktuelle Probleme herbeiführen lassen durch reale Veränderungen innerhalb der Einrichtung.
– Die Einrichtung soll am Ende eines Ausbildungszyklus einen Co-Trainer zur Verfügung haben, der das Training fortsetzt als Multiplikator für die Einrichtung.
– Die Teilnehmer sollen in der Lage sein, für Jugendliche der Einrichtung als Co-Trainer bei Trainingskursen zu fungieren.
– Die Fahrt-, Übernachtungskosten sollten möglichst gering sein und der Gruppen- oder Ausbildungs- und Unterrichtsbetrieb der Einrichtung möglichst wenig beeinträchtigt werden.

Als Trainer ist man ständig mit einer doppelten Forderung konfrontiert: 1. Die Beschränkung auf wenige Punkte: Wir können im Training nur wenige Lernschritte einbeziehen, sonst überfordern wir die Teilnehmer. Werden sie überfordert, gehen sie verwirrt, unsicher und womöglich bestraft vom Training weg. 2. Ein Problem muß ausreichend differenziert behandelt und abgeschlossen werden: Man kann zwar beinahe jeden Lernprozeß in beliebig viele Lernschritte gliedern, aber man kann einen Lernprozeß nicht auf einer beliebigen Stufe abbrechen, sofern man ein positives Ergebnis erzielen will.

Beide Forderungen müssen erfüllt werden, daher ziehen wir den Schluß: Wir können im Training nur solche Probleme ansprechen, bei denen gewährleistet ist, daß wir in der vorgesehenen Zeit ein Verhalten erarbeiten können, das ausreicht, um das Problem zu entschärfen oder zu lösen.

Die Umsetzung dieser Erkenntnis in die Praxis bereitet jedoch größte Schwierigkeiten, weil es nicht nur sehr schwer ist, die Leistungsfähigkeit der einzelnen Teilnehmer richtig einzuschätzen, sondern weil wir auch wenig darüber wissen, wie differenziert das theoretische Rüstzeug sein muß, um etwa bei anfänglichen Mißerfolgen nicht gleich die gesamte Methodik zu verwerfen, sondern nach den Fehlern zu suchen.

Zeitraum, Raum-, Material- und Organisationsbedarf für das Training

Der Zeitrahmen für die Trainingsmaßnahme selbst war für jeweils maximal 12 Teilnehmern drei volle Tage, die in zwei Blökken mit vier bis sechs Wochen Abstand durchgeführt wurden. Ein Teilnehmer einer Einrichtung nahm als künftiger Co-Trainer teil. Im ersten Seminar konzentriert sich dieser Kollege auf die persönliche Wahrnehmung als Teilnehmer in einem Gruppenprozeß. Im zweiten Seminar ist er als Beobachter des Gruppenprozesses bereits in der Rolle des zweiten Co-Trainers, aber im Training nicht aktiv eingesetzt. Im dritten Durchgang nimmt er selbst als Co-Trainer an der Maßnahme teil. Danach folgt eine bedarfsabhängige Supervision durch den Austausch von Videomaterial und telefonisch mit dem Trainer. Als Experiment versuchen wir dies auch via webcam. Alle Mitarbeiter sollen freiwillig an dieser videogestützten prozeßorientierten Trainingsmaßnahme teilnehmen und nach Möglichkeit Videosequenzen von etwa zwei Minuten aus persönlichen konflikthaften Alltagssituationen mit- und einbringen.

Als Raumbedarf haben wir für die Trainingsmaßnahme zur Vorgabe gemacht, entweder einen ausreichend großen Raum (mind. 60m²) oder zwei getrennte nahe beieinanderliegende Räume zur Verfügung gestellt zu bekommen. Das technische Equipment bringen wir selbst mit: digitale Videokamera und -beamer, Overheadprojektor und Flipchart. Die theoretischen Inhalte werden in Form von Handouts den Teilnehmern im Verlauf des Kurses ausgehändigt, so daß ein erfahrungsorientiertes Arbeiten durchgehend gewährleistet werden kann.

Ablauf des Trainings: 1. Seminareinheit

Nach einer warming up-Runde, in der sich die Teilnehmer kennenlernen und spielerisch erste persönlichere Informationen austauschen und Gefühle äußern, leiten wir nach einer Auflockerungsübung über zum ersten großen Themenblock.

Trainingseinheit: Lernen, das Kind in der Auseinandersetzung mit seiner Umwelt zu sehen

Einflußfaktoren der Umwelt auf das Verhalten der Kinder:
In diesem Teil werden die Teilnehmer im ersten Schritt gebeten zu sammeln, was aus ihrer Sicht das Verhalten eines Kindes beeinflußt. In der Zusammenfassung dieser Ergebnisse auf Folie ist es wichtig zu verdeutlichen, daß der Beitrag der Erzieher zum Erfolg oder Mißerfolg pädagogischen Handelns ein relativer, immer aber ein interaktiver Prozeß in einem sozialen System ist (Innerhofer 1977, S. 195f.).

Beobachtungsübungen:
Das exakte Beobachten ist für die folgenden Seminartage von fundamentaler Bedeutung. An ein oder zwei Szenen wird das Beschreiben ausführlich geübt, während im zweiten Block der Focus auf bestimmte situationsspezifische Interaktionsmuster gelegt wird. Entsprechende stereotype Verhaltensmuster, jahrelang eingeübte Gewohnheitsmuster werden durch die exakte Aufschlüsselung der Interaktion in Sprache, Verhalten, Mimik, Pausen durchbrochen. In der Hinderung, sofort zu

interpretieren und zu klassifizieren besteht die Chance, tatsächlich den Probanden und sich selbst im Verhalten zum Auszubildenden neu zu sehen. Dadurch entsteht Verständnis für die Bedürfnisse des Probanden, für seine Probleme, seine Nöte. Diese innere Umkehr ist die Voraussetzung dafür, die Techniken nicht einfach mechanisch anzuwenden, sondern den Schüler ganzheitlicher, von seinen eigenen Erwartungen her zu betrachten. Für dieses Gelingen ist eine möglichst hohe persönliche Betroffenheit der Teilnehmer Vorraussetzung.

Es geht nicht darum, exakt die Realität abzubilden, sondern die Spiele zum Anlaß zu nehmen zu lernen, genau auf die Interaktionsfolge zu achten. Die Trainer bestehen darauf, daß der Teilnehmer sich nicht offenbaren muß, sondern wiederholen nur das Ziel: Ein bestimmtes Verhalten in einer bestimmten Situation führt beim Interaktionspartner zu bestimmten Reaktionen. Es fällt leicht zu interpretieren und es ist schnell ermüdend, genau zu beobachten, warum es häufig Widerstände gibt. Im Feedback am Ende des Seminars erweist sich diese Phase nicht selten aber als die spannendste, da es mit vielen neuen Erfahrungen verbunden war, exakt einmal die Vielfalt, Häufigkeit und Dichte der Interaktionselemente zu beobachten. Gerade die Verhinderung der Interpretation ist die beste Basis für die Verhinderung von Wut, Beschämung, Mutlosigkeit und oppositionellem Verweigern der weiteren Teilnahme.

Das Gesamtkonzept basiert auf der Logik von Lerngesetzen. Die Trainer nehmen an den Rollenspielen teil, um die Einnahme der Rolle des Lehrers zu verhindern und mindern so auch die Angst selbst als Teilnehmer zu spielen. Grundsatz aller Handlungen der Trainer ist dabei zu helfen, Aufgaben zu lösen, niemals aber diese abzunehmen.

Videoanalyse oder erstes Rollenspielen:
Im nächsten Schritt werden die mitgebrachten und die von den Trainern focusierten Sequenzen der Videoaufzeichnungen ausgewertet. Wenn kein Videomaterial vorliegt, werden die Teilnehmer aufgefordert, sich Alltagssituationen zu vergegenwärtigen und diese anschließend in einem Rollenspiel darzustellen. Das Problemereignis soll so ausführlich geschildert werden, daß die übrigen Teilnehmer sich in diese Situation hineinfinden und einfühlen und eine Rolle im Spiel übernehmen können.

Im Anschluß werden die Rollen getauscht (z.B. betroffene Erzieherin schlüpft in die Rolle des spät heimkommenden Schülers, ein anderer Kollege übernimmt ihre Erzieherrolle). Der Abbruch des Spiels er folgt, wenn die Hauptmomente des Problemereignisses dargestellt sind. Anschließend folgt ein differenziertes Feedback: Rollenfeedback der Spieler, Assoziations- und Identifikationsfeedback. Anschließend wird nur die letzte Szene nachgespielt, die nicht mehr als ein bis zwei Minuten Länge haben sollte.

Es zeigt sich häufig im ersten Schritt, daß Erzieher, die das Problem berichtet haben, nicht genau angeben können, was das eigentliche Problem ist. Bei der Problemdefinition ist es enorm wichtig, daß die Zielsetzung und die Bewertung der Erzieher klar angegeben sind, da diese der Bezugspunkt der Analyse sind, in ihnen die Wertung der Handelnden offenbar wird und sich verschiedene Lösungsmöglichkeiten anbieten.

Nachdem der Kern des Problems (Zielsetzung und Wertung) herausgearbeitet worden ist beginnt die detaillierte Beschreibung. Die Videoaufnahme wird dazu sekundenweise vorgespielt. Dies wird so oft wiederholt, bis alles relevante Verhalten beschrieben ist. Dabei kann man verschiedene Diskriminationshilfen geben, wie etwa den Ton abschalten. Auf die Registrierung von Ignorieren und von Gesprächspausen ist ganz besonders zu achten, denn Schweigen gehört zu den stärksten manipulativen Mitteln.

Wertungen oder Interpretationen werden vom Trainer unterbunden, da wir jetzt nur üben wollen, genau und objektiv zu beschreiben. Der Co-Trainer hält die Beschreibungen auf einer Folie fest (Innerhofer 1977, S. 66ff.).

Trainingseinheit: Lernen, das Verhalten des Schülers/Auszubildenden in Abhängigkeit von seiner Umwelt zu verstehen

Am zweiten Tag geht es um die Erfahrung des Theorie-Praxis-Gefälles: Wir helfen den Teilnehmern zu sehen, daß zwischen Verhalten und Umwelt ganz bestimmte Zusammenhänge bestehen. Vorbereitet wurde dieser Schritt durch die genaue Beschreibung des Ablaufs von Problemereignissen und kreative Hinweise auf eingeschliffene Wahrnehmungs- und Bewertungsmuster. Die Teilnehmer müssen lernen, bestimmte Ereignisse aus dem gesamten Reizspektrum zu abstrahieren; sie müssen lernen, das funktional Wesentliche von Unwesentlichem zu trennen. Sie brauchen dafür ein geeignetes Schema. Wir geben dem anschaulichen Bild des Demonstrationsexperiments, mit dem zusätzlich starke persönliche Erlebnisse verbunden werden, den Vorzug. Auf die verbale Formulierung legen wir daher deutlich weniger Wert.

Das Belohnungs- und Bestrafungsspiel:
Das Spiel hat einen dreiteiligen Aufbau: l. Durchführung von Vorträgen zuerst unter Belohnungs- und dann unter Bestrafungsbedingungen. 2. Befragung mit Hilfe eines Fragebogens und Auswertung als Einleitung zur Auswertung der Aufnahmen. 3. Auswertung der Aufnahmen.

Der Trainer bittet zwei Erzieher, sie möchten einen kurzen Vortrag von ca. 10 Min Dauer darüber halten wie sie einen normalen Arbeitstag gestalten. Die anderen hören zu. Der Co-Trainer nimmt das Spiel per Video auf. Während nun der erste Erzieher spricht, wird er vom Trainer demonstrativ verstärkt: stilles Zuhören, interessierte Fragen, Zustimmung, Anlachen, Mitgefühl äußern. Der Co-Trainer hält sich zurück und konzentriert sich auf das Aufzeichnen. Eine differenzierte Auswertung schließt diesen Vortrag ab.

Es wird der zweite Erzieher aufgefordert, mit dem Vortrag zu beginnen. Trainer und Co-Trainer ändern nun ihr Verhalten in dem Sinne, daß sie den Sprecher demonstrativ durch Entzug von Zuwendung bestrafen: nicht zuhören, mit anderen sprechen, Lärm machen.

Insgesamt ergibt sich, daß Bestrafungsbedingungen die Arbeit erschweren, Vermeidungsverhalten provozieren und zu einer negativen Einstellung führen. Die Gründe werden eher in der Person oder in neutralen Merkmalen gesehen als in den Strafbedingungen. Die Einstellungsänderung wird meist unter dem Aspekt betrachtet, ob dem Handeln die Einsicht der Einstellungsänderung vorausgeht. Uns erscheint der Aspekt der Umweltbedingungen in Form von Belohnung und Bestrafung als ein entscheidender Faktor bei der Einstellungsbildung.

Die Antworten der Zuhörer betreffen die Leistung des Vortrags. Es ergibt sich insgesamt, daß der Redner, der unter Belohnungsbedingungen spricht, durchweg positiver beurteilt wird.

Ihm fällt das Sprechen leicht, er spricht sicher, flüssig, gelöst und konzentriert. Während der Sprecher, der unter Bestrafungsbedingungen spricht, meist negativ beurteilt wird. Der belohnte Sprecher hinterläßt naturgemäß den besseren Eindruck. Es ergibt sich für die Zuhörer der Eindruck, daß der Sprecher, der unter Belohnungsbedingungen gesprochen hat, intelligenter, gewandter, selbstsicherer sei. Daß sie ebenfalls die Gründe dafür in der Persönlichkeitsstruktur suchen und nicht in den Umweltbedingungen, deckt ein fatales Mißverständnis auf, das in der Erziehung negative Folgen hat: Persönlichkeitsstrukturen kann der Erzieher nicht ändern, oder zumindest weiß er nicht, wie er das anstellen soll. Umweltbedingungen hingegen wären oft sehr leicht zu ändern.

Nach einer kurzen freien Diskussion, in der die Teilnehmer eigene Erfahrungen einbringen und in der sie ihre aktuellen Umweltbedingungen diskutieren können, erfolgt der dritte Schritt, die sekundenweise Auswertung der Video-Aufnahmen.

Als Resümee halten wir fest: Erstens, daß wir – Erzieher und Probanden – in unserem Verhalten in erheblichem Maße von der Umwelt bestimmt werden und zweitens, daß unser Verhalten und unsere Gefühle von Belohnung und Bestrafung stark abhängig sind.

Das Hilfespiel:
Wir sehen zwischen Verhaltenstherapie und Heilpädagogik eine notwendige Ergänzung. In der Praxis der Erziehung scheinen uns die Hilfestellungen größere Bedeutung zu haben als die Konsequenzen. Mit den Konsequenzen umzugehen ist relativ einfach, verglichen mit dem Können, das der Einsatz von Hilfestellung oft erfordert! Ein Großteil der Erzieher straft, weil er immer noch hilflos ist. Als Lernziel sind uns Güte und Freundlichkeit allein zu wenig. Der Erzieher muß sich fragen, ob der Proband mit der Hilfe auch etwas anfangen kann, ob sie die Aufgabe tatsächlich erleichtert oder gar verhindert, daß der Proband die Lösung selbst findet.

Die Reaktionen der Teilnehmer auf die unzweckmäßige Hilfe im »Hilfespiel« sind daher aufschlußreich. Es sind dieselben Reaktionen, die wir bei den Probanden feststellen können, wenn ihnen die Erzieher während des Arbeitens schlechte Hilfen geben. Eine unangebrachte Hilfe in schwieriger Situation ist frustrierend und provoziert Aggressionen. Daraus ergibt sich für die Jugendlichen eine paradoxe Situation: Sie sehen sich aggressiv und ausfällig gegenüber Menschen, die sie gern haben und auf deren Wohlwollen sie angewiesen sind!

Im einzelnen geht es also bei diesem Spiel darum: Was ist eine schlechte Hilfestellung und warum? Was ist eine gute Hilfestellung und warum? Was bewirkt eine gute oder eine schlechte Hilfestellung?

Die positive Möglichkeit zu helfen bleibt bei diesem Spiel eingeschränkt auf das Setzen von diskriminaten Reizen. Das ist jedoch eher von Vorteil, da die Teilnehmer nur exemplarisch lernen sollen, was eine Hilfe ist und was sie bewirkt. Aufgabe der weiteren Trainingseinheiten ist es, mit den Erzieherinnen eine Reihe von Hilfen zu suchen und diese einzuüben, die sie brauchen, um ihre besonderen Probleme zu lösen. Im zweiten Block finden sie also die Gelegenheit, die Hilfestellungen sich anzueignen, die sie in ihrem Problemfalle brauchen.

Der Aufbau des »Hilfespiels« ist ähnlich dem des vorherigen Spiels: Eine Aufgabe muß unter zwei verschiedenen Umweltbedingungen ausgeführt werden, wobei die kritischen Umweltbedingungen und das davon abhängige Verhalten der Versuchsperson genau beschrieben werden.

Der erste Spieler wird aufgefordert, am Spieltisch Platz zu nehmen, und der Trainer setzt sich dazu und zwar dicht daneben. Auf dem Tisch liegt ein Tangram (chinesisches Puzzle). Es soll richtig zusammengelegt ein Quadrat ergeben.

Während sich der Erzieher nun an die Aufgabe macht, versucht der Trainer, ihm dabei zu »helfen«, wobei er sich um besondere Freundlichkeit in Ton und Mimik bemüht, rutscht er aber auf dem Stuhl unruhig hin und her, fuchtelt mit den Händen auf dem Tisch herum, steht auf und rüttelt am Tisch.

Nach drei Minuten bricht er die Arbeit ab. Die nächste Erzieherin nimmt am Tisch Platz und erhält eine andere Instruktion: Der Hinweis auf die beschränkte Zeit fehlt. Die Aufgabe wird als schwierig beschrieben und sie wird eingeschränkt auf das Suchen eines Weges zur Lösung.

Der Trainer setzt sich nun über Eck, und während sich der Teilnehmer an die Arbeit macht, schaut er aufmerksam und still zu. Nach drei Minuten bricht er ab, wenn nicht schon früher die Lösung gefunden wurde.

Es folgt nach kurzer Diskussion die Auswertung der Video-Aufnahme. Statt eines Fragebogens werden die subjektiven Eindrücke der Teilnehmer im anschließenden Gespräch erfragt und vom Co-Trainer auf Folie festgehalten. Zu Beginn der Auswertung faßt der Trainer das Ergebnis des Gesprächs kurz zusammen. Den Erzieherinnen wird eindringlich vor Augen gestellt, was eine schlechte und was eine gute Hilfe für den Probanden ist, und was schlechte und was gute Hilfe bei diesem bewirken.

Schließlich wird vom Trainer das Ergebnis der Auswertung aus dem »Hilfespiel« dem Ergebnis der Auswertung aus dem »Belohnungs- und Bestrafungsspiel« gegenübergestellt. Dabei kommt es darauf an, daß die Teilnehmer zwischen einer Hilfestellung (Vermeidung von Überforderung vom Inhalt der Aufgabe aus gesehen) und einer Konsequenz

(Vermeidung von Überforderung von der Motivationslage des Probanden aus gesehen) unterscheiden lernen. Sie sollen die beiden Schwierigkeitskategorien beim Probanden (Inhalt der Aufgabe – Motivation) unterscheiden lernen, und sie sollen auch lernen, erzieherische Maßnahmen unter diesem doppelten Aspekt zu beurteilen.

Ablauf des Trainings: 2. Seminareinheit

Einführung in das Training sozialer Kompetenz:
Zum Beginn erläutern wir den Teilnehmern die Definition sozialer Kompetenz: »Als soziale Kompetenz bezeichnen wir die Verfügbarkeit und Anwendung von kognitiven, emotionalen und motorischen Verhaltensweisen, die in bestimmten sozialen Situationen zu einem langfristig günstigen Verhältnis von positiven und negativen Konsequenzen für den Handelnden führt« (Pfingsten u. Hinsch 1998, S. 55). Als soziale Situationen unterscheiden wir im Anschluß Situationen, in denen es gilt, berechtigte Forderungen und Interessen durchzusetzen (R-Situation), im Umgang mit Partnern, Kollegen, Klienten, Freunden und Bekannten seine Bedürfnisse und Wünsche angemessen zu vertreten (B-Situation) und die Sympathie anderer zu gewinnen (S-Situation). Wichtig dabei ist die Betonung, daß selbstsicheres, sozial kompetentes Verhalten genauso gelernt werden kann, wie jedes andere Verhalten auch und komplementär verstanden werden kann zu eskalierenden Verhaltensstrategien. Daher geht es weniger darum, viele theoretische Exkurse zu machen, die sich gut in der Literatur nachlesen lassen, sondern auf den Übungscharakter. Im Mittelpunkt der nächsten eineinhalb Tage steht das Üben im Rollenspiel und anschließend das Üben am Arbeitsplatz als Hausaufgabe.

Unterscheidung von selbstunsicheren und –sicheren Verhaltenssequenzen:
Anhand eines Handouts werden verschiedene Situationen und Reaktionen eingestuft in selbstsicher, aggressiv und unsicher. Die Ergebnisse werden in zwei Kleingruppen mit den Trainern diskutiert, die strittigen Fragen analysiert und dann das Erklärungsmodell erläutert und Kriterien für ein sicheres, unsicheres und aggressives Verhalten veranschaulicht.

Trainingseinheit R-Situation:

Anhand eines Handouts schätzen die Teilnehmer für jede angeführte Situation ein, wie schwer ihnen selbst das beschriebene Verhalten fallen würde. Wir haben die 16 Rollenspielsituationen an Konfliktsituationen aus dem Heimalltag angepaßt und bewußt das Spektrum der Erzieher-Proband-Interaktion auf Nachbarschaft, Behörden, Eltern und Freunde ausgeweitet.

Anschließend werden die Teilnehmer aufgefordert, ihre Bewertungen mitzuteilen. Einige dieser Rollenspiele werden nun von den Teilnehmern gespielt. Vermeidungsstrategien der Teilnehmer werden vom Trainer nicht akzeptiert, sondern er besteht darauf, daß alle Teilnehmer im Verlauf des Trainings teilnehmen. Der Trainer und die Gruppe geben ein Feedback, wobei zuerst jeder Spieler selbst artikuliert was aus seiner Sicht positiv gelaufen ist und Vorsätze formuliert, worauf er in der Wiederholung achten möchte. Die Gruppe gibt nur positives Feedback oder probiert durch Rollentausch andere Lösungsstrategien aus. Der Spieler wählt daraus für ihn passende Alternativen aus und integriert diese in sein Lösungsspiel. Entscheidend ist nicht, daß alle Rollenspiele gespielt werden (1–2 Situationen reichen aus), sondern daß das Prinzip des Trainings und die Gesetzmäßigkeiten der Situationen verstanden werden. Die Handouts zu den jeweiligen R-, B-, S-Situationen über die Gesetzmäßigkeiten haben wir Pfingsten und Hinsch (1998) entnommen.

Trainingseinheit B-Situation:

Wie zuvor wird auch hier zuerst ein von uns modifiziertes Handout mit neun B-Situationen von den Teilnehmern durchgearbeitet, ausgewertet und gespielt. Wir haben Beispiele formuliert, die dazu anregen zu überlegen, wie ich als Erzieher ein Rollenspiel einleite und es mit dem Jugendlichen so durchführe, daß dieser es selbst in der realen Situation in Gegenwart oder Abwesenheit des Erziehers (Hilfs-Ich) erfolgreich umsetzen kann. Ziel ist es, den Jugendlichen zu befähigen, diese B-Situation selbst zu lösen, ohne daß der Erzieher eine R-Situation inszeniert und das Recht für den Jugendlichen durchsetzt.

Im Anschluß an die Rollenspiele erhalten die Teilnehmer ein weiteres Arbeitspapier in dem es darum geht, sechs Äußerungen, hinter denen sich ein Gefühl verbirgt, zu identifizieren, das Gefühl präzise zu benennen und die Äußerung neu zu formulieren, indem das Gefühl direkt angesprochen wird.

Im Anschluß an den Austausch über das Ergebnis in zwei Kleingruppen wird die Instruktion für Selbstsicheres Verhalten Typ-B-Beziehungssituation besprochen und ausgegeben.

Trainingseinheit S-Situation:
Wir beginnen auch hier den neuen Situationstyp kurz zu charakterisieren und immer wieder in Unterscheidung zu den vorhergehenden zu setzen. Nach der Auswertung des »Arbeitspapiers für den Typ-S – um Sympathie werben« werden auch hier ein bis zwei Rollenspiele gespielt, analysiert und modifiziert und solange wiederholt, bis ein zufriedenstellende Lösung für den Spieler entstanden ist. Im Anschluß wird die Instruktion für den Situationstyp Typ-S durchgesprochen.

Zusammenfassung und abschließende Bemerkungen

Die Trainer fassen abwechselnd noch einmal anhand der Handouts die beiden Seminartage zusammen und verdeutlichen den roten Faden erzieherischen Handelns, der in den Seminartagen erfahrungsorientiert veranschaulicht und geübt wurde. Einen besonderen Stellenwert nehmen nun Beiträge von Teilnehmern aus dem bisherigen Seminar ein, die in die Zukunft gerichtete Wünsche beinhalteten. Die Trainer ermutigen die Teilnehmer als »Hausaufgabe« in ihrem Alltag, sich im konstruktivem Sinne wechselseitig zu beobachten, sich kollegial supervidieren zu lassen oder selbst eine kleine Gruppe in der Einrichtung zu initiieren, in der Videoaufzeichnungen aus dem Alltag analysiert oder einfach in Rollenspielen Lösungen für kritische Alltagssituationen eingeübt werden können. Der Transfer nach dem Seminar, einen Trainingskurs für Jugendliche selbst anzubieten und damit selbst am Ball zu bleiben, wird erfahrungsgemäß eher umgesetzt. Eine Feedbackrunde, in der vor allem von den Trainern nochmals auf die klare Artikulation von Gefühlen seitens der Teilnehmer geachtet wird und ein spezielles Feedback über den Gruppenprozeß rundet die Seminartage ab. Das Feedback über den Gruppenprozeß soll nochmals das bewußte Modellverhalten für Belohnung und hilfreiches Verhalten seitens der Trainer veranschaulichen.

Eine Frage von Trainingsmaßnahmen ist immer auch der Nachweis ihres Effekts. Für beide hier verwendeten Verfahren gibt es ausführliche Studien, die belegen, daß mit der Methode langfristig signifikante Verhaltensänderungen erreichbar sind. Einen eigenen empirischen Nachweis der Kombination beider Verfahren haben wir bisher daher nicht für notwendig erachtet. Wir verwenden jedoch einen Feedbackbogen (Pfingsten u. Hinsch 1998, S. 143) am Ende des Seminars, dessen Ergebnisse uns zusammen mit dem Videofeedback zuversichtlich stimmen.

Literatur

Pfingsten, R., Hinsch, U. (1998): Gruppentraining sozialer Kompetenzen (GSK). München, 3. Aufl.

Innerhofer, P. (1977): Das Münchner Trainingsmodell. Berlin.

Heideloff, F.; Langosch, I. (1998): Methoden und Sozialkompetenz. Trainingskurse für die Aus- und Weiterbildung von Sozialwissenschaftlern. Freiburg i. Br.

Schneider, T. (1999): Die Schülermitverwaltung im Don Bosco Jugendwerk St. Josefsheim Bamberg. In: Referat für Heimerziehung beim Landesverband katholischer Einrichungen der Heim- und Heilpädagogik in Bayern e. V. Pädagogische Rundbriefe 49: 10-12.

Mittermeir, F. (1985): Körpererfahrung und Körperkontakt: Spiele, Übungen und Experimente für Gruppen, Einzelne und Paare. München.

Schottky, A.; Schoenaker, T. (1995): Was bestimmt mein Leben? Wie man die Grundrichtung des eigenen Ich erkennt. Frankfurt a. M.

■ Karl Kubowitsch

Coaching als Selbstmanagement-Optimierung

Was ist Coaching?

Woher stammt der Begriff Coaching?

Coaching ist ein Modebegriff – und gerade der inflationäre Gebrauch verlangt nach einer Klärung. Das *Barnhart Dictionary of Etymology* (1988) und *Webster´s New Encyclopedic Dictionary* (1993) verweisen auf ein ungarisches Städtchen namens *Kocsi Szekér*, wo seit Mitte des 15. Jahrhunderts eigenartige Vehikel hergestellt wurden, die sich rasch in Europa ausbreiteten. Die »Karren aus Kocs« fanden zu Beginn des 16. Jahrhunderts Eingang in mehrere europäische Sprachen, etwa als *koets* (niederländisch), *cocchio* (italienisch) oder *Kotsche* (deutsch). Aus letzterem wurde in Frankreich *coche* und (ab 1556) in England *coach*. Natürlich, bei diesem Vehikel handelte es sich um die Kutsche. Die Bezeichnung *coachman* wurde in England ab 1579 verwendet. Entgegen der oft formulierten Vermutung (z. B. Rückle 1992), der Begriff Coach stamme aus dem Sport, tauchte er um 1848 in der Bedeutung eines persönlichen Tutors an britischen Universitäten auf, ab 1861 dann auch als Synonym für einen *athletic trainer.*

In der US-amerikanischen Literatur taucht Coaching bereits 1950 (Mace 1957[7]) im wirtschaftlichen Kontext auf. Aktuell wird in den USA Coaching mit den beratenden und fördernden Aspekten der Mitarbeiterführung verbunden (Grau u. Möller 1992).

In Deutschland wird unter Coaching meist eine individuelle Betreuung von Führungskräften oder qualifizierten Spezialisten durch interne oder externe Berater verstanden (Rauen 1999). Diese Methode der Personalentwicklung läßt sich eindeutig definieren und von anderen Formen der Intervention abgrenzen (Kubowitsch 1995). Exemplarisch werden hier die Begriffsbestimmungen von Coaching und psychologischer Therapie vorgestellt.

(a) Coaching dient dem Erreichen definierter Ziele und ist zeitlich begrenzt. Vorhandene Ressourcen werden ausgebaut oder zusätzliche geschaffen. Neben der Erweiterung des Verhaltensrepertoires (Welche Verhaltensweisen werden beherrscht?) stehen Diskriminationslernen und eine angemessene Situationseinschätzung (In welchen Situationen und welchen Personen gegenüber sind welche Verhaltensweisen angemessen und zielführend?) sowie die Förderung der Verhaltensflexibilität (Wie rasch und angemessen dosiert kann ein Wechsel zwischen verschiedenen Verhaltensweisen erfolgen?) im Mittelpunkt. Die Verantwortung für die Coaching-Ziele liegt bei den Klienten. In allgemeiner Form läßt sich das Ziel dieser Maßnahmenform als Ausbau und verbesserter Einsatz von Ressourcen zum Zweck einer Erhöhung persönlicher Effektivität und Effizienz beschreiben, das heißt als eine Optimierung des Selbstmanagements. Dabei werden folgende Ebenen des Verhaltens unterschieden:

– muskuläre psychophysiologische Begleitreaktionen (z. B. Anspannung mit Auswirkungen auf die Gestik bei Präsentationen),
– vegetative psychophysiologische Begleitreaktionen (z. B. Blaßwerden und Erröten bei schwierigen Mitarbeitergesprächen),
– Emotionen (z. B. optimierungsbedürftige Ärgerkontrolle),
– Kognitionen (z. B. Modifikation von Denkweisen im Umgang mit Problemen),
– Handlungsweisen (z. B. gezielter Einsatz von Werkzeugen zur Gestaltung des Umfelds im Unternehmen),
– strategische Ausrichtung des Handelns (z. B. Verfolgen langfristiger Ziele, die mit der Gestaltung des Umfelds im Unternehmen verbunden werden).

(b) Psychologische Therapie zielt ebenfalls auf die Modifikation von Verhalten (Strategien, Handlungsweisen, Kognitionen, Emotionen und psychophysiologischen Reaktionen). Allerdings haben die bearbeiteten Probleme Krankheits- oder Störungscharakter. Im Unterschied zum Coaching kann bei der Therapie eine Diagnose nach ICD–10 oder DSM-IV gestellt werden. Die Verantwortung für die vereinbarten Ziele liegt auch hier bei den Klienten. Beispiel: Behandlung einer Rede-Phobie bei einer Führungskraft.

Formen von Coaching-Maßnahmen

Nach den Zielgruppen von Coaching-Maßnahmen lassen sich folgende Formen unterscheiden (Kubowitsch 1995):
- individuelles Coaching (mit einer Einzelperson);
- informelles Netzwerk-Coaching (Einbeziehung von Personen, mit denen ein Klient zwar nicht formell zusammen arbeitet, von denen er aber z. B. wichtige Informationen erhält; der Ausbau solcher Beziehungen wird stark gefördert);
- formelles Netzwerk-Coaching (z. B. mit Personen, die im Unternehmen im Rahmen einer Prozeßkette in engen Arbeitsbeziehungen stehen);
- Team-Coaching (z. B. mit einer Projektgruppe);
- Prozeß-Coaching (Begleitung verschiedener Personen oder Teams während eines definierten Veränderungsprojekts, z. B. einer Restrukturierung; die Auswahl der Zielgruppen und Zeitpunkte erfolgt nach Prozeß-Gesichtspunkten).

Daneben können Selbstmanagement-Werkzeuge vermittelt werden, um Personen in die Lage zu versetzen, ein Selbst-Coaching-Programm durchzuführen.
Nach der spezifischen Zielsetzung einer Coaching-Maßnahme ist auch die folgende Unterscheidung möglich:
- punktuelles Interventions-Coaching (rasche Bearbeitung eines eng begrenzten Themas, z. B. Vorbereitung auf eine spezifische berufliche Situation; Zeitrahmen: ein einzelner Termin

bis einige Termine in wenigen Wochen; Aufwand: ca. ein bis drei Beratungstage);

- entwicklungsorientiertes Coaching (umfassendere Optimierung; Zeitrahmen: Termine über sechs bis zwölf Monate hinweg; Aufwand: ca. vier bis acht Beratungstage).

Ein Coaching ist ein inhaltlich komplexer und zeitlich oft aufwendiger Prozeß. Sollte die Strukturierung solcher Prozesse auf einer einheitlichen Basis erfolgen?

Brauchen wir ein Coaching-Modell?

Ars nihil sine scientia?

Mit dem Satz »*Sine scientia ars nihil*« leitet Wolfgang Schönpflug (2000) seinen Vortrag zur Eröffnung des Deutschen Psychologentages im Oktober 1999 in Berlin ein. Der Überlieferung nach stammt diese Aussage aus einem Disput zwischen einem Architekten und den Steinmetzen während des Baus des Mailänder Doms. Ohne die Wissenschaft (*scientia* als Messen und Rechnen) seien die Handwerkskünste (*artes*) vergebens, so der Architekt – »*ars unum, scientia aliud*« antworteten die Handwerker, die sich auf das Vorbild ihrer Meister, auf eigene Erfahrung und Augenmaß verlassen wollten: Handwerkskunst und Wissenschaft, dies sind verschiedene Stiefel.

In der Psychologie existieren empirisch abgeleitete und überprüfte theoretische Modelle – und die Ebene der individuellen Kunstfertigkeit, die sich primär auf Vorbilder und Erfahrung stützt. Es gibt das Konzept des *Scientist-Practitioner* (der wissenschaftlich fundierte Verfahren im Praxisfeld anwendet; Kelly 1950, 1959; nach Peterson 1995) – aber auch die Leitidee der *reflection in action* (d. h. die fallspezifische Lösung von Problemen, deren Komplexität die der empirisch abgesicherten Modelle übersteigt und die Anwendung auch impliziten Handlungswissens verlangt; Schön 1983). Eine radikale Kritik am wissenschaftsorientierten Vorgehen formulieren Hoshmand und

Polkinghorne (1992; nach Schönpflug 2000): Da die Psychologie keine generalisierbaren Theorien entwickelt hat, die den Anforderungen der Praxis gerecht werden, muß diese Praxis in jedem Einzelfall neu entwickelt werden. Psychologie in der Praxis: Das Spannungsfeld reicht von »*ars nihil sine scientia*« bis »*scientia nihil*« – die Wissenschaft hat keinen Wert.

Welches Denkmodell liegt dem Coaching in der Praxis zugrunde? Wird hier ein wissenschaftliches Modell nach dem *Scientist-Practitioner*-Verständnis konsequent umgesetzt? Bedient sich ein Coach theoretischer Modelle je nach Einzelfall und betreibt primär *reflection in action*? Oder wird jede individuelle Intervention unabhängig von Theorien und dem Stand der Forschung jeweils neu erfunden und erdacht?

Der eigene, hier vorgestellte Ansatz postuliert, auf der Basis des *Scientist-Practitioner*-Konzepts, die Coaching-Praxis nach der Theorie zu konstruieren (oder wo dies dem Einzelfall nicht gerecht wird, selektiv *reflection in action* zu integrieren). Natürlich verlangt auch eine am theoretischen Modell ausgerichtete Vorgehensweise nach Anpassungen und Neukonstruktionen. Kanfer et al. (1991) fordern, die heuristischen Entscheidungsregeln bei der Individualisierung an den Ergebnissen der Therapieforschung aus zu richten (z. B. Grawe et al. 1994). Die einzelfallgerechte Umsetzung des *Scientist-Practitioner*-Konzepts folgt dem Postulat: empirisch begründete Flexibilität statt atheoretischem Eklektizismus.

Ein theoretisches Modell für die Praxis

Der Selbstmanagement-Ansatz als Basis

Das eigene Coaching-Modell (Kubowitsch 1995) basiert auf dem Selbstmanagement-Ansatz von Kanfer et al. (1991). Den Hauptaspekten der Selbstregulation – Selbstbeobachtung, Selbstbewertung und Selbststeuerung – kommt dabei eine zentrale Bedeutung zu. Das Selbstregulationskonzept beruht auf der empirisch gesicherten Annahme, daß häufig ausgeführte

Verhaltensweisen in automatisierter Form ablaufen. Erweist sich ein Verhalten als nicht zielführend oder erfolgt ein entsprechendes Feedback aus der Umgebung, so kommt es zu einer »Entautomatisierung«: Das eigene Verhalten wird beobachtet und auf die Brauchbarkeit (sowie ggf. die Vereinbarkeit mit eigenen Werthaltungen) hin bewertet. Im Rahmen der Selbstkonsequenz oder -steuerung kommt es zu einer Anpassung des Verhaltens, die in eine erneute Automatisierung münden kann. Der zielorientierte und bewußt gesteuerte Ablauf dieser Sequenz läßt sich als Selbstmanagement beschreiben, das mit Hilfe psychologischer Interventionen optimiert werden kann. Kanfer et al. (1991) haben hierfür ein Modell der Selbstmanagement-Therapie vorgelegt. In einer modifizierten und dem Anwendungsfeld der Personalentwicklung in Organisationen angepaßten Form läßt es sich auch für Coaching-Maßnahmen verwenden.

Das Sieben-Phasen-Coaching-Modell

Das dynamisch-rekursive Modell des Coaching-Prozesses (Kubowitsch 1995) wird im Überblick vorgestellt, dem Modell von Kanfer et al. (1991) gegenüber gestellt und anhand einer Fallschilderung erläutert.

Nach einer Informationssammlung und Definition von Grobzielen (einschließlich der Kriterien für die spätere Erfolgseinschätzung) gemeinsam mit Vertretern des Unternehmens (Phase 1) werden die Einbettung der Maßnahme in die langfristigen Ziele und Werthaltungen des Klienten sowie seine Coaching-Motivation (Veränderungsmotivation *und* Motivation, mit diesem Coach zu arbeiten) thematisiert (Phase 2). Die anschließende Problemanalyse mündet in eine Definition von Feinzielen und spezifischen Evaluationskriterien (Phase 3). Als Bedingungsmodell des Problemverhaltens werden dessen spezifische Aspekte (Mikroperspektive) und die Bedingungen im sozialen System des Klienten einschließlich ihrer Wechselwirkungen (Makroperspektive) erarbeitet und reflektiert (Phase 4). Auf dieser Basis fällt die Entscheidung über das Interventionsdesign.

Die Intervention wird unter dem Leitprinzip der Hilfe zur Selbsthilfe mit einem Methodenrepertoire durchgeführt, das sich aus empirisch gesicherten Vorgehensweisen insbesondere der Klinischen Psychologie und der Organisationspsychologie ergibt (Phase 5). In der Phase des Interventionsabschlusses stehen weitere Zielperspektiven des Klienten und die prospektive Selbstregulation im Mittelpunkt (Phase 6). Das Follow-up fokussiert auf die unmittelbare und mittelfristige Erfolgseinschätzung durch alle Beteiligten und gegebenenfalls erforderliche weitere Maßnahmen (Phase 7).

Die Modelle für Therapie und Coaching im Vergleich

Das Modell der Selbstmanagement-Therapie von Kanfer et al. (1991) besteht aus den folgenden sieben Phasen:
1. Eingangsphase: Schaffung günstiger Ausgangsbedingungen,
2. Aufbau von Veränderungsmotivation und vorläufige Auswahl von Änderungsbereichen,
3. Verhaltensanalyse und funktionales Bedingungsmodell,
4. Vereinbaren therapeutischer Ziele,
5. Planung, Auswahl und Durchführung spezieller Methoden,
6. Evaluation therapeutischer Fortschritte,
7. Endphase: Erfolgsoptimierung und Abschluß der Therapie.

Ein Vergleich der beiden Modelle zeigt auch die unterschiedliche Behandlung der Interventionsziele. Anhand dieses Aspekts läßt sich zudem der verschiedenartige Charakter von psychologischer Therapie und Coaching exemplarisch verdeutlichen.

Kanfer et al. (1991) sehen das Vereinbaren therapeutischer Ziele in der vierten Phase vor und tragen damit dem Umstand Rechnung, daß Therapie-Klienten zunächst primär einen Leidensdruck empfinden und in der Regel eher Veränderungsbereiche angeben können als spezifische Veränderungsziele. Die problembezogene Informationssammlung muß in die Therapie integriert und Demoralisierung oder Resignation gegebenenfalls abgebaut werden, ehe sich konkrete Änderungsbereiche (vorläufig) auswählen lassen. Erst auf der Basis einer Verhaltensanalyse und eines funktionalen Bedingungsmodells werden mögliche Ziele analysiert und schließlich vereinbart.

Coaching dagegen ist als Methode der Personalentwicklung in betriebliche Systeme eingebunden (und zumindest in der Startphase partiell von deren Qualität abhängig). Gemeinsam mit Vertretern des Unternehmens, in der Regel Vorgesetzte und Spezialisten aus dem Personalwesen, werden vorliegende Einschätzungen aus Beurteilungen und Bedarfsanalysen der individuellen Personalentwicklungsplanung ebenso in die erste Coaching-Phase einbezogen, wie aktuelle Fremdbilder aus dem Managementumfeld oder aus dem Kreis der Mitarbeiter eines Klienten. Diese Daten und Einschätzungen bilden die Basis für eine Vereinbarung von Coaching-Zielen. Den Rahmen dafür stellen neben den individuellen Zielen und den Entwicklungsperspektiven des Coaching-Klienten die Ziele des Unternehmens dar, wie sie unter anderem in der Vision und Mission des Unternehmens (für die Entwicklung von Business Excellence), Leitbildern (etwa zum Bereich des Führungsverhaltens) und strategischen Unternehmensprogrammen (z. B. Business Reengineering) ihren Ausdruck finden. Da Maßnahmen der Personalentwicklung grundsätzlich den Zielen sowohl der betroffenen Mitarbeiter als auch des Unternehmens dienen sollen (Sonntag 1999), wird die Ausrichtung des Coaching aus beiden Quellen gespeist; aus dem gleichen Grund erfolgt die Zielvereinbarung nicht allein mit dem Klienten, sondern gemeinsam mit den eingebundenen Partnern. Und da einer systematischen Personalentwicklung sowohl eine kurz- als auch eine mittel- oder langfristige Planung zugrunde liegt, lassen sich die Maßnahmen(grob)ziele und späteren Evaluationskriterien frühzeitig festlegen. Die Definition von Feinzielen, die auf einer differenzierten Problemdefinition beruht, erfolgt in der Phase 3. Das Bedingungsmodell von Problemverhalten in der Mikro- und Makroperspektive wird im Rahmen eines Coaching in der Phase 4 nur für die spezifischen Gebiete der vereinbarten Coaching-Ziele erarbeitet – und nicht als Basis für die Definition von Interventionszielen verwendet, wie dies im therapeutischen

Kontext vorgesehen ist. Coaching hat als Maßnahme der Personalentwicklung auch den Charakter einer Investition des Unternehmens und muß somit definierten Zielen dienen. Die im Coaching-Modell vorgesehene prozeßbegleitende Zielfortschreibung und die dynamisch-rekursive Beziehung zwischen den einzelnen Phasen gewährleisten die für eine effektive Maßnahmendurchführung notwendige Flexibilität. Sollte mit neu vereinbarten Zielen jedoch der Rahmen aus dem *Contracting* in Phase 1 gesprengt werden, ist eine erneute Zielvereinbarung mit den Unternehmensvertretern angezeigt.

Soweit die Theorie. Und wie sieht Coaching in der Praxis aus? Das Coaching-Prozeßmodell wird nun anhand eines Fallbeispiels erläutert. Um einen besseren Überblick zu geben, wird in den einzelnen Phasen abwechselnd auf verschiedene Coaching-Zielfelder fokussiert.

Coaching in der Praxis: Ein Fallbeispiel

Der Hauptakteur: Klient A.

Klient A. ist 42 Jahre alt und in einem weltweit tätigen deutschen Großunternehmen als Abteilungsleiter im Vertriebsressort beschäftigt. Nach Auffassung seines Vorgesetzten, wichtiger interner Prozeßpartner und der Spezialisten im Personalwesen besitzt er das Potential, um in das obere Management aufzusteigen. A. wird deshalb »probeweise« die Leitung einer Hauptabteilung übertragen. Sechs Monate danach startet die Coaching-Maßnahme. Nach insgesamt einem Jahr in der neuen Funktion soll eingeschätzt werden, ob er in den oberen Managementkreis formell aufgenommen (und damit persönlich befördert) werden kann – oder anschließend erneut eine Aufgabe im mittleren Management übernimmt.

Phase 1: Klärung: Setting, Grobziele, Contracting

Der Coach wird vor dem Maßnahmenstart durch eine Spezialistin aus dem Personalwesen über die Veränderungsbereiche und Zielrichtungen informiert. Frühere Beurteilungen und die aktuelle Potentialeinschätzung legen nahe, daß A. sich auf den Gebieten eines lockeren, weniger steifen Umgangs mit anderen (einschließlich seiner Mitarbeiter) sowie eines angemessenen Marketing für sich selbst und seine Organisationseinheit verbessern sollte.

Den Startschuß für das Coaching bildet ein Round-Table-Gespräch, an dem A., sein Vorgesetzter, eine Spezialistin aus dem Personalwesen und der Coach teilnehmen. Die für eine Standortbestimmung des Klienten notwendigen Informationen werden gesichtet, diskutiert und daraus Coaching-Grobziele abgeleitet:

– A. geht weniger steif auf andere Menschen zu oder mit ihnen um; dies gilt besonders für Personen, die er noch nicht gut kennt.
– In Verhandlungssituationen sollte dies kombiniert werden mit einer flexiblen Gesprächsführung und dem Aussenden positiver Botschaften auf der Beziehungsebene – auch wenn Gesprächspartner auf Konfrontation gehen.
– A. stellt die eigenen Leistungen und die seiner Mitarbeiter im Umfeld angemessen dar.
– Die guten Leistungen der eigenen Mitarbeiter werden von A. in persönlichen Gesprächen gewürdigt, und er zeigt verstärkt persönliches Interesse an den Mitarbeitern. Kurz: A. nutzt Lob und Beziehungspflege als Werkzeug der Motivation.

Für alle vier Coaching-Grobziele werden Evaluationskriterien besprochen. Die Maßnahme hat einen Zeitrahmen von einem Jahr bei einem Coaching-Zeitbudget von sechs Beratungstagen. Zwischen den halbtägigen Treffen in monatlichem Abstand ist ein Austausch über Telefon und E-Mail vorgesehen.

Phase 2: Guiding Stars und Coaching Motivation

Welches sind die »Guiding Stars« von A. für seine persönliche Entwicklung? Passen die Coaching-Ziele in die Landschaft seiner langfristigen persönlichen Ziele und Werthaltungen? Wie stark identifiziert er sich mit den bisherigen Ausprägungen der Verhaltensbereiche, für die Coaching-Ziele vereinbart wurden? Welche Rolle spielt seine persönliche Bescheidenheit im Kontext eines verbesserten Selbstmarketing? Wie würde es ihm dabei gehen, wenn er sich im Alltag so verhielte, wie es den Coaching-Zielen entspricht? Wie ist die Veränderungsmotivation von A. ausgeprägt – und wie stark ist seine Bereitschaft, den Veränderungsprozeß mit diesem Coach gemeinsam zu gestalten? Diese Fragen stehen im Mittelpunkt der Phase 2.

Klärende Gespräche mit gemeinsamer Reflexion werden durch weitere Techniken unterstützt. Die Ziele-Werte-Klärung wird (in Anlehnung an Kanfer et al. 1991) auch in Form von Gedankenexperimenten durchgeführt (»Wenn Sie eine persönliche Eigenschaft *sofort* verändern könnten, welche würden Sie auswählen?«). Provokative Gesprächsmuster führen zur gemeinsamen Entwicklung skurriler Zukunftsszenarien – und zu deren humorvoller Reflexion.

Zwei Probleme treten in dieser zweiten Phase mehrfach in den Vordergrund: Es wird deutlich, daß für A. die persönliche Bescheidenheit zu einem erfolgskritischen Faktor für das Ziel eines optimierten Selbstmarketing werden würde. Und es stellt sich mehrfach die Frage, wie intensiv der Klient die Auseinandersetzung mit den Coaching-Themen gedanklich mit der Beförderungschance verknüpft. Pointiert ausgedrückt gilt es zu klären, ob A. für ein Coaching überhaupt motiviert ist. Diese Themen werden im Verlauf des Coaching in Form gelegentlicher rekursiver Schleifen weiter verfolgt.

Phase 3: Problemanalyse und Feinziele

Zur gemeinsamen Problemanalyse mit A. gehört die genaue Beschreibung der Ist-Ausprägungen des Verhaltens auf den vier Zielfeldern. Zu ihnen passend werden Feinziele als angestrebte Soll-Ausprägungen definiert. Basierend auf den Ergebnissen aus Phase 2 wird reflektiert, ob auch jedes der Feinziele mit langfristigen Zielen und Werten des Klienten vereinbar ist.

Phase 4: Erklärung: Bedingungsmodell des Problemverhaltens

Die Vorgehensweise, um ein Bedingungsmodell des Problemverhaltens zu erarbeiten, orientiert sich stark an der Plananalyse nach Grawe und Caspar (1984). Neben der Mikroebene, bei der die situativen Bedingungen des Problemverhaltens im Mittelpunkt stehen, werden die Bedingungen im sozialen Umfeld des Klienten auf der Makroebene und deren Wechselwirkungen einbezogen. Gegenstand der Analyse und Reflexion sind auch die »roten Fäden« des Verhaltens in unterschiedlichen Einzelsituationen im Verlauf der Zeit – und damit die Funktion, die ein spezifisches Problemverhalten für den Klienten erfüllt. Bisherige problembezogene Bewertungsmuster des Klienten werden mit Hilfe eines Selbstbeobachtungstrainings (Fliegel et al. 1989) identifiziert und im Rahmen der Interventionstechniken in Phase 5 weiter bearbeitet.

Die bedeutsamsten auslösenden Bedingungen des Problemverhaltens werden auf der Mikroebene für alle Feinziele analysiert. Hier ein Beispiel: Die Abnahme der Verhaltensflexibilität in Verhandlungssituationen ist deutlich daran gekoppelt, daß A. bereits vor dem Gespräch die Verhandlungspartner als wenig kooperationsbereit einschätzt und dazu »Katastrophenphantasien« entwickelt; während des Gesprächs werden schwache Anzeichen für eine Bestätigung seiner Befürchtungen dann bereits als sicherer Beleg hierfür gewertet. In der Folge zieht A. sich auf eine starre Verhandlungsführung zurück und legt ein reserviertes Verhalten an den Tag. Die Befürchtungen im Vorfeld sind teilweise abgekoppelt von realen Erfahrungen mit diesen Verhandlungspartnern.

Auf der Makroebene können unter anderem folgende Aspekte erarbeitet werden: Das reservierte, steif wirkende Verhalten erfüllt für A. die Funktion, andere Personen auf Distanz zu halten, um als Persönlichkeit nicht leicht durchschaut zu werden. Neben der Sorge, verletzbar zu sein, spielt sein in manchen Bereichen sehr kritisches Selbstkonzept (vertiefend reflektiert anhand seiner Ergebnisse bei den Frankfurter Selbstkonzept-Skalen; Deusinger 1986) eine wesentliche Rolle: A. befürchtet, wenn er offen und freundlich auf andere zugehen würde, könnten diese Personen seine Schwächen leichter erkennen.

Phase 5: Design und Durchführung der Intervention

In dieser Phase werden die einzelnen Interventionsmethoden problembezogen und orientiert an Ergebnissen der Evaluationsforschung zur spezifischen Wirksamkeit ausgewählt. Die konkrete Ausgestaltung basiert auf einer Zusammenfassung der in den Phasen 1 – 4 gewonnenen Erkenntnisse.

Den Kern des Interventionsdesigns bilden kognitive und verhaltenstherapeutische Methoden (beschrieben z. B. bei Fliegel et al. 1989; Beck 1999):
- Selbstbeobachtungstraining (Verhaltensweisen, Begleitgedanken, Emotionen),
- Gedankenstop (Unterbrechen unangemessener Begleitgedanken),
- kognitive Umstrukturierung und Selbstverbalisationstraining (Verwendung adäquater Selbstverbalisationen; Einbeziehung der kognitiven und emotionalen Ebene),
- Problemlösungstraining (Problemanalyse, Identifikation zielführender Handlungsalternativen, Handlungssteuerung),
- Selbstverstärkungstechniken (Sich-etwas-Gönnen beim Erreichen von Teilzielen).

Die Entwicklung einer Selbstmarketing-Strategie und eines Aktionsplans erfolgt auf der Basis einer Identifikation der internen Zielgruppen und strategisch relevanter Aktionsfelder des Klienten sowie der Definition von Kommunikationszielen und -kanälen (Kubowitsch 1995).

Die kognitive Umstrukturierung konzentriert sich stark auf die persönliche Bescheidenheit von A. Seine kritische Reflexion dazu, wie er selbst das Spannungsfeld aus eigener Anstrengung und Erfolgen einerseits sowie Anerkennung durch die Eltern und später durch Vorgesetzte erlebt hatte, bestimmt wesentlich die rationale und auch emotionale Bewertung von Handlungsalternativen. Auch die rekursiven Schleifen in die Ziele-Werte-Klärung der Phase 2 (»Möchte ich mich wirklich intensiv weiterentwickeln – oder steht die angestrebte Beförderung im Vordergrund?«) sind in diesen Kontext eingebettet.

Phase 6: Erfolgsoptimierung und Interventionsabschluß

Zwei Schwerpunkte werden mit A. in dieser Phase bearbeitet: Die Erfolgsoptimierung auf den einzelnen Coaching-Zielfeldern und die prospektive Selbstregulation.

Um eine weitere Optimierung bereits erzielter Erfolge zu erreichen, wird die bisherige prozeßbegleitende Evaluation (anhand von Selbsteinschätzungen sowie Feedbacks des Vorgesetzten und der Personalreferentin) auf eine breitere Basis gestellt. Neben differenzierten Rückmeldungen, die der Klient A. von einigen Kollegen im Umfeld einholt, steht die Einschätzung des Führungsverhaltens im Mittelpunkt. Der Coach moderiert einen eintägigen Workshop, an dem A. und zehn Mitarbeiter seiner Hauptabteilung (Auswahlkriterium: regelmäßige direkte Kontakte zu A.) teilnehmen. Auf der Grundlage des Führungsleitbilds des Unternehmens werden Feedbacks für A. eingeholt und diskutiert sowie weitere Verbesserungsmöglichkeiten in der Zusammenarbeit abgeleitet.

Die prospektive Selbstregulation als zweites Fokusthema dieser Phase soll A. dabei unterstützen, auch nach dem Abschluß des Coachings an persönlichen Entwicklungszielen zu arbeiten. Neben der Auswahl weiterer Ziele stehen der künftige Einsatz von Werkzeugen des Selbstmanagements und die langfristige Veränderungsmotivation im Mittelpunkt.

Den Abschluß dieser Phase bilden die gemeinsame Erfolgseinschätzung durch A. und den Coach. Für alle Ziele werden die in den Phasen 1 und 3 festgelegten Evaluationskriterien zugrunde gelegt.

Phase 7: Follow-up

Am abschließenden Round-Table-Gespräch nehmen – wie bereits in Phase 1 – Klient, Vorgesetzter, Personalreferentin und Coach teil. Die Ergebnisse der Erfolgseinschätzung aus Phase 6 werden im Kontext von Fremdbildern aus dem Managementumfeld von A. bewertet. Daneben werden der Coaching-Prozeß und die Rolle des Coach reflektiert. Das Fazit: A. hat, gemessen an den vereinbarten Kriterien, alle Ziele erreicht. Für die Zukunft werden zwischen A., seinem Vorgesetzten und der Personalreferentin Vereinbarungen zur offenen Kommunikation und den Austausch von Feedback getroffen. Auf diese Weise soll die prospektive Selbstregulation zusätzlich unterstützt werden.

Die mittelfristige Evaluation soll weitere sechs Monate später bei einem letzten Gespräch vorgenommen werden, in dessen Vorfeld die Personalreferentin erneut Einschätzungen von den Feedback-Partnern im Managementumfeld einholt.

Wie geht es mit Klient A. weiter?

Die karrierebezogene Entwicklung von A. wird im Zusammenhang mit der fallorientierten Erläuterung des Coaching-Modells bewußt nicht angesprochen: Coaching dient als Methode der Personalentwicklung der Erhöhung persönlicher Effektivität und Effizienz durch eine Modifikation von Verhalten auf unterschiedlichen Ebenen – also einem optimierten Selbstmanagement. Es ist keine Karriereberatung. Deshalb kann das Erreichen eines spezifischen Karriereziels auch kein Coaching-Ziel sein.

Um die Schilderung abzurunden, kann die berufliche Entwicklung jedoch einbezogen werden: Während der ersten sechs Monate des Coaching ist nur ein zögernder Einstieg von A. in die Umsetzung der erarbeiteten konkreten Verbesserungsschritte zu konstatieren. Während des zweiten Halbjahres – nachdem wichtige Ziele-Werte-Klärungen erfolgt waren – gelingt ihm dies um so konzentrierter. Die Entscheidung über seine persönliche Beförderung und die künftigen Führungsaufgaben wird in der Mitte der Coaching-Maßnahme um ein Jahr verschoben.

Die mittelfristige Evaluation anhand von Fremdbildern aus dem Managementumfeld wird von der Personalreferentin mit der Potentialanalyse im Kontext der anstehenden Beförderung verknüpft. A. stabilisiert sich in den sechs Monaten nach Coaching-Abschluß auf allen Zielfeldern, in einigen Bereichen erzielt er sogar weitere Verbesserungen. Er bleibt mit der Leitung der Hauptabteilung betraut. Nach zwei weiteren Monaten wird er befördert und in den Oberen Managementkreis aufgenommen.

Coaching als wissenschaftlich fundierte Praxis

Die Erläuterung des Coaching-Prozeßmodells anhand einer Falldarstellung zeigt: Dies ist eine komplexe Maßnahmenform. Gleichwohl lassen sich Standards für eine einheitlich strukturierte Vorgehensweise auf der Basis eines theoretisch fundierten Modells formulieren und gleichzeitig einzelfallgerechte Neukonstruktionen empirisch begründbar vornehmen. Das *Scientist-Practitioner*-Konzept kann in diesem Praxisfeld voll zugrunde gelegt, *reflection in action* wo immer erforderlich integriert werden. Und es gibt keinen Anlaß, sich aufgrund fehlender praxistauglicher Konzepte in atheoretische Praxeologien zu flüchten. Gewiß sind auch andere Modelle denkbar als das hier vorgestellte. Aber auch diese sollten den Kriterien der wissenschaftlichen Fundierung, der empirischen Überprüfung sowie der Praxistauglichkeit genügen. *Ars nihil sine scientia.*

Literatur

Barnhart, R. (Hg.)(1988): The Barnhart Dictionary of Etymology. New York.

Beck, J. (1999): Praxis der kognitiven Therapie. Weinheim.

Deusinger, I. M. (1986): Die Frankfurter Selbstkonzeptskalen (FSKN). Göttingen.

Fliegel, S.; Groeger, W. M.; Künzel, R.; Schulte, D.; Sorgatz, H. (1989): Verhaltenstherapeutische Standardmethoden. München, 2. Aufl.

Grau, U.; Möller, J. (1992): Beratung oder Coaching von Führungskräften in Organisationen. In: Schwertl, E.; Rathsfelde, E.; Emlein, G. (Hg.), Systemische Theorie und Perspektiven in der Praxis. Eschborn, S. 261–275.

Grawe, K; Caspar, F. M. (1984): Die Plananalyse als Konzept und Instrument für die Psychotherapieforschung. In: Baumann, U. (Hg.), Psychotherapie: Makro-/ Mikroperpektive. Göttingen, S. 177–197.

Grawe, K.; Donati, R.; Bernauer, R. (1994): Psychotherapie im Wandel von der Konfession zur Profession. Göttingen.

Kanfer, F. H.; Reinecker, H.; Schmelzer, D. (1991): Selbstmanagement-Therapie. Berlin.

Kubowitsch, K. (1995): Power Coaching. Wiesbaden.

Mace, M. L. (1957): The growth and development of executives (Erstaufl. 1950). Boston, 7. Aufl.

Peterson, D. R. (1995): The reflective educator. American Psychologist 50(12): 975–983.

Rauen, C. (1999): Coaching: innovative Konzepte im Vergleich. Göttingen.

Rückle, H. (1992): Coaching. Düsseldorf.

Schön, D. A. (1983): The reflective practitioner: How professionals think in action. New York.

Schönpflug, W. (2000): Ars nihil sine scientia. Theorie als Rekonstruktion von Praxis – Praxis als Konstruktion nach Theorie. Report Psychologie 25(3): 166–169.

Sonntag, K. (1999): Personalentwicklung – ein Feld psychologischer Forschung und Gestaltung. In: Sonntag, K. (Hg.), Personalentwicklung in Organisationen, 2. Aufl. Göttingen, S. 15–29.

■ Autorinnen und Autoren

Axel Buschalla, Diplom-Psychologe und selbständiger Unternehmensberater in München.

Isabella Deuerlein, Dr., Psychoanalytikerin, Organisationsberaterin
und Supervisorin in München.

Thomas Eisenreich, Unternehmensberater, Sparkassenbetriebswirt,
Geschäftsleiter einer Organisationsentwicklungsgesellschaft in Bo-
chum.

Thomas Giernalczyk, Dr. phil., Diplom-Psychologe, Psychoanalytiker,
Supervisor, Organisations- und Unternehmensberater in München.

Ursel König, Dr. med., Diplom-Psychologin, Referentin für Qualitätsmanagement an einer Klinik in Göppingen.

Karl Kubowitsch, Diplom-Psychologe, Supervisor und Geschäftsführer
eines Beratungsunternehmens in Regensburg.

Ross A. Lazar, Psychoanalytiker, Organisationsberater und Supervisor
in München.

Heidi Möller, Priv.-Doz. Dr., Diplom-Psychologin, Lehrtherapeutin
und Lehrsupervisorin, Hochschulassistentin für Klinische Psychologie
an der TU Berlin.

Harald Pühl, Dr., Diplom-Psychologe, Supervisor und Organisationsberater in Berlin.

Wolfgang Schmidbauer, Dr. phil., Schriftsteller, Psychotherapeut, Lehr-
analytiker und Supervisor in München.

Thomas Schneider, Diplom-Sozialpädagoge, Bacc. phil./theol., analyti-
scher Kinder- und Jugendlichenpsychotherapeut.

Brigitte Zeier, Diplom-Sozialarbeiterin, Fachleiterin des Bereichs Betriebliche Sozialarbeit bei der Siemens AG in München.

Peter C. Zimmermann, Diplom-Psychologe, Geschäftsführer eines Instituts für Schulung, Kommunikation, Organisations- und Manage-
mentberatung in Düsseldorf.

Supervision – Grundlagen und Ideen für die Praxis

Harald Pühl
Team-Supervision
Von der Subversion zur
Institutionsanalyse
1998. 177 Seiten, kart.
ISBN 3-525-45823-1

Team-Supervision hat sich als
ein Instrument erwiesen, das
Veränderungen in der jeweiligen Einrichtung bewirken
kann, die dem Wohl der Klienten, der Mitarbeiter und der
Einrichtung als Ganzer zugute
kommen. So hat sich die an-
fängliche Perspektive der *Subversion* zur realitätsangemesse-
nen, die Substanz fördernden
Institutionsanalyse gewandelt.
Statt von einer dichotomen
Struktur von Team versus Leitung auszugehen, soll dialek-
tisch eine Synthese angestrebt
werden.

Walter Andreas Scobel
Was ist Supervision?
Mit einem Beitrag von Christian
Reimer. 4. Auflage 1997. 207 Seiten,
kart. ISBN 3-525-45696-4

„Dieses Buch vermittelt, was
unter Psychotherapie-Super-
vision zu verstehen ist. Die vielen Beispiele ermöglichen, daß
der Leser die eigenen Erfahrungen mit denen des Verfassers
konfrontiert. Der Verfasser
behandelt das Thema Suizidalität als spezifisches Problem der
Psychotherapie und der Supervision. Die Kapitel über Supervision im sozialpsychiatrischen
Team und über Supervision in
der psychotherapeutischen
Ausbildung sind besonders zu
empfehlen." *Zentralblatt
Neurologie-Psychiatrie*

Hansjörg Becker (Hg.)
Psychoanalytische Teamsupervision
1995. 232 Seiten, kart.
ISBN 3-525-45776-6

Der Bedarf an Teamsupervision
wird heute in allen erdenk-
lichen Bereichen erkannt, in
denen Menschen intensiv und
unter hoher Anspannung zusammenarbeiten. In diesem
Buch werden die psychoanalytischen Ausgangspunkte der
Supervision fortgeschrieben auf
einen Stand, der den derzeitigen Fragestellungen entspricht.
Darum wird in der Darstellung
vor allem auf die Praxis Wert
gelegt.

V&R
Vandenhoeck
& Ruprecht

Systemische Theorie und Praxis

Andreas Manteufel /
Günter Schiepek
Systeme spielen
Selbstorganisation und
Kompetenzentwicklung
in sozialen Systemen
1998. 237 Seiten mit 31 Abbildungen und 4 Tabellen, kart.
ISBN 3-525-45821-5

Systemspiele zeigen, wie
Selbstorganisation in sozialen
Systemen funktioniert und was
passiert, wenn Organisationen
lernen. Mit vielen Analogien,
Praxisbeispielen und Bildern
werden die grundlegenden
systemtheoretischen Konzepte
anschaulich gemacht.

Ralf Mehlmann / Oliver Röse
Das LOT-Prinzip
Lösungsorientierte Kommunikation im Coaching, mit Teams
und in Organisationen
2000. 130 Seiten mit zahlreichen
Abbildungen, kart.
ISBN 3-525-45853-3

Sitzungen in Betrieben, Unternehmen und Verwaltungen werden oft mit ausgiebigen Analysen verbracht, die selten zur
Lösung der Probleme beitragen.
Demgegenüber baut das LOT-
Prinzip auf die Ressourcen der
Beteiligten und ist effizient
lösungsorientiert.

Mohammed El Hachimi /
Liane Stephan
SpielArt
Konzepte systemischer Supervision und Organisationsberatung. Instrumente für
Trainer und Berater

Mappe 1: **Unterbrecher**
ISBN 3-525-46100-3

Mappe 2: **Beginnings und Endings**
ISBN 3-525-46101-1

Mappe 3: **Kreative Kommunikation**
ISBN 3-525-46102-X

Mappe 4: **Charakterspiele**
ISBN 3-525-46103-8

Mappe 5: **Übungen zur Kinästhetik
und Konstruktion**
ISBN 3-525-46104-6

Mappe 6: **Expressives Gestalten**
ISBN 3-525-46105-4

Mappe 7: **Spannende Entspannung**
ISBN 3-525-46106-2

Mappe 8: **Gruppendynamik
dynamisch**
ISBN 3-525-46107-0

Mappe 9: **Movement Theatre**
ISBN 3-525-46108-9

Die Mappen enthalten jeweils
30 Karten mit Übungen und
Durchführungshinweisen.

Vandenhoeck
& Ruprecht